VIVIR por AMOR al ARTE

Cuadro: La negra **Artista:** Isabella

A mi madre, Isabella, una artista que, incluso sin pensarlo, me ha inspirado desde niño.

"EL ARTISTA APORTA AL MUNDO ALGO QUE ANTES NO EXISTÍA, Y LO HACE SIN DESTRUIR NADA".

JOHN UPDIKE

ÍNDICE

PRÓLOGO
PLÁCIDO DOMINGO
— 08 —

INTRODUCCIÓN
AGRADECIENDO Y RECONOCIENDO A QUIENES
NOS AYUDARONS A AVANZAR
— 10 —

NOTA DEL AUTOR
— 14 —

CAPÍTULO 01
RESPETO ABSOLUTO POR EL ARTISTA
— 16 —

CAPÍTULO 02
GUIÁNDO EL DESPERTAR ARTÍSTICO DE NUESTROS
HIJOS, UN CONSEJO PARA PADRES
— 20 —

CAPÍTULO 03
A QUIÉN VA DIRIGIDO ESTE LIBRO
— 23 —

CAPÍTULO 04
VIVIENDO EL ARTE, NO LA FAMA. EL VERDADERO
SIGNIFICADO DEL TRIUNFO
— 28 —

CAPÍTULO 05
MIS 10 MANDAMIENTOS PARA EL PROMOTOR DE
SHOWS. ESTRATEGIAS ESENCIALES PARA TRIUNFAR
EN EL MUNDO DEL ENTRETENIMIENTO EN VIVO
— 30—

CAPÍTULO 06
LA ARQUITECTURA FINANCIERA DEL ESCENARIO.
DESMITIFICANDO EL PORCENTAJE DEL MANAGER
EN LA INDUSTRIA MUSICAL
— 40 —

CAPÍTULO 07
SIETE ACORDES PARA TOCAR LA MELODÍA DEL
ÉXITO. CONSEJOS PARA ASPIRANTES A MANAGERS
DE ARTISTAS
— 43 —

CAPÍTULO 08
ES DE BIEN NACIDO EL SER AGRADECIDO
— 51 —

CAPÍTULO 09
15 PUNTOS IMPRESCINDIBLES.
PARTICULAR MISCELÁNEA
— 112 —

CAPÍTULO 10
FUNDAMENTOS PARA VIVIR POR "AMOR AL ARTE"
— 146 —

CAPÍTULO 11
INSPIRANDO Y GUIANDO A OTROS
— 176 —

CAPÍTULO 12
100 PROFESIONES PARA VIVIR POR "AMOR AL ARTE"
— 196 —

CONTENIDO EXTRA
EVENTOS DE LUJO PARA CLIENTES DE LUJO:
LA ÉLITE, LA EXCELENCIA Y EL ARTE DE LA
EXCLUSIVIDAD
— 222 —

COLOFÓN FINAL
— 231 —

**REFERENCIAS
Y AGRADECIMIENTOS**
— 234 —

Prólogo por Plácido Domingo

Después de tener el privilegio de cantar en todos los teatros de ópera más importantes del mundo, sentí la necesidad de acercarme a público que, por carecer de teatros operísticos, no había tenido la oportunidad de escucharme y así di comienzo a la realización de conciertos. He tenido el gusto de conocer a promotores dinámicos y con gran conocimiento del panorama mundial.

Entre estos promotores quiero mencionar muy especialmente a Manuel J. Villegas. Nuestro primer encuentro profesional tuvo lugar en 2007, en el corazón de Rusia, dentro del imponente Palacio del Kremlin de Moscú. Desde aquel momento hemos viajado juntos a través de diferentes latitudes, llevando el arte y la cultura a varios continentes. Manuel demostró no ser simplemente un productor y promotor de conciertos, sino un verdadero artista. Su atención a cada detalle de la producción, y a todos los elementos invisibles, pero esenciales, es verdaderamente notable. Ha sido un propulsor de la difusión cultural, un puente entre generaciones, un nexo entre diferentes culturas y tradiciones artísticas.

Puedo decir que en el verdadero significado de "VIVIR POR AMOR AL ARTE" se refleja la pasión, el compromiso y el amor incondicional por el arte que caracteriza a Manuel y que han dejado una huella en el mundo del entretenimiento. Este libro, Vivir por amor al arte, es mucho más que un compendio de experiencias y anécdotas. Es también un tributo a todos aquellos que, como Manuel, han dedicado su vida a enriquecer y embellecer el mundo a través del arte y también es un punto de partida para quienes desean iniciarse en diferentes profesiones que tocan el arte de alguna manera.

Para aquellos que buscan inspiración, que desean entender el poder transformador del arte y la cultura, y que anhelan descubrir cómo la pasión y la dedicación pueden superar cualquier obstáculo, este libro es un singular regalo.

He tenido un gran placer en escribir este prologo. Espero que, al leer estas páginas, disfruten de un viaje tan interesante como enriquecedor.

Con todo mi afecto y esperando que el futuro nos lleve a cualquier otro rincón del mundo a VIVIR POR AMOR AL ARTE.

Plácido Domingo

AGRADECIENDO Y RECONOCIENDO A QUIENES NOS AYUDARON A AVANZAR.

INTRODUCCIÓN

POTENCIANDO TU ÉXITO PROFESIONAL

En la travesía de una carrera profesional en el mundo del entretenimiento y el arte (y también en otras áreas), nunca estamos solos. En el camino hacia el éxito, numerosas personas contribuyen significativamente a nuestro crecimiento y logros.

Desde el inicio de nuestra carrera hasta el presente, y más allá, estos individuos comparten su conocimiento, tiempo y recursos para ayudarnos a avanzar. Reconocer y agradecer a estas personas es fundamental para fortalecer las relaciones profesionales y personales, al tiempo que establecemos bases sólidas para proyectos futuros. Aquí te cuento varias maneras valiosas de mostrar tu aprecio y gratitud:

1. Mensajes personales directos

No subestimes jamás el poder de un mensaje personal. Tómate el tiempo para escribir correos electrónicos o mensajes de texto detallados, cartas, SMS y hoy en día los tan valiosos WhatsApps donde puedas expresar sinceramente tu gratitud y destacar el impacto positivo que alguien ha tenido en tu vida profesional. En mi caso concreto, la vida profesional y la personal van estrechamente ligadas y pienso que cualquier persona que se dedique al ARTE en alguna de sus formas vive su pasión sin diferenciar hora, día de la semana ni momento.

2. Llamadas telefónicas

En un mundo cada vez más global, digital y donde todo sucede tan rápido, una llamada telefónica personalizada puede ser un gesto poderoso. Programa una llamada y comparte tus sentimientos de agradecimiento de manera más cercana y directa.

3. Reuniones de agradecimiento

Organiza reuniones o encuentros especiales en persona para mostrar tu aprecio. Ya sea un almuerzo, una cena o una reunión de café, estas ocasiones proporcionan un ambiente propicio para expresar tu gratitud y celebrar juntos los logros compartidos.

4. Agradecimiento público

Aprovecha las redes sociales, entrevistas y otros medios públicos para expresar tu gratitud. Dedica publicaciones a estas personas, destacando su influencia positiva y su contribución a tu carrera.

5. Comparte el éxito

Cuando alcances nuevos logros, comparte tu éxito con aquellos que te ayudaron a llegar allí. Invítalos a eventos especiales o proyecciones de tus proyectos, donde puedan ver los frutos de su apoyo.

6. Notas escritas

En la era digital, una nota escrita a mano puede ser un detalle conmovedor. Envía cartas de agradecimiento manuscritas que expresen tu gratitud de manera tangible y personal.

7. Regalos significativos

Considera regalos que reflejen la personalidad e intereses de la persona a la que agradeces. Un regalo bien pensado puede mostrar cuánto valoras su contribución.

8. Invitaciones exclusivas

Invita a estas personas a eventos exclusivos, estrenos o proyecciones de tus proyectos. Estas invitaciones demuestran que siguen siendo parte integral de tu éxito continuo.

9. Apoyo recíproco

Ofrece tu ayuda y apoyo cuando también lo necesiten. La reciprocidad fortalece las relaciones y construye una red sólida en la industria.

10. Colaboraciones continuas

Explora oportunidades de colaboración continua en proyectos presentes y futuros. Mantener una relación profesional activa puede ser beneficioso para ambas partes.

11. Reconoce sus contribuciones

Acredita públicamente sus contribuciones en tus proyectos. Destaca su papel y méritos para que otros también reconozcan su importancia.

12. Becas o pasantías

Crea oportunidades para que las personas que te han ayudado se beneficien de tu éxito. Ofrece becas o pasantías en tus proyectos para ayudar a otros a avanzar en sus carreras.

13. Comparte recuerdos

Rememora momentos significativos juntos y comparte anécdotas que reflejen su importancia en tu vida profesional. Esto puede fortalecer los lazos personales y profesionales.

14. Recuerda cumpleaños y aniversarios

Celebra sus cumpleaños, aniversarios o eventos especiales. Este gesto muestra tu interés genuino en su vida fuera del trabajo.

15. Mentoría

Ofrece mentoría a otros, continuando el legado de apoyo que recibiste. La mentoría puede ser una de las formas más valiosas de dar algo a cambio. La gratitud es un acto poderoso que fortalece conexiones y abre puertas en el mundo del entretenimiento y el arte. Tener en cuenta, agradecer y contar con aquellos que nos ayudaron a avanzar es una parte esencial de nuestro viaje hacia el éxito. Estas acciones no solo impulsan tu ética profesional, sino que también enriquecen tu vida y la de quienes te rodean. El camino hacia el éxito se construye sobre una base de relaciones sólidas y gratitud sincera.

¡Nunca subestimes el valor de mostrar tu agradecimiento! Comienzo este, mi primer libro dándote las gracias por estar aquí y ahora, dispuesto a leer lo que con tanto cariño he escrito especialmente para ti.

Querido lector,

Después de sumergirte en las páginas de este libro, quiero compartir contigo un deseo que tengo como autor y que, sinceramente, espero que se convierta en una realidad compartida. Esta obra ha sido creada con la intención de ser una herramienta valiosa en tu viaje de aprendizaje y crecimiento. Te animo encarecidamente a que te involucres de manera activa y te sumerjas en su contenido.

A medida que avances, te invito a subrayar los puntos que despierten tu mayor interés y atención. Este libro no solo pretende ser un manual, sino también una guía que te empodere para desarrollar tu actividad profesional en un futuro cercano. No dudes en plasmar tus pensamientos y comentarios en las páginas, porque tu perspectiva enriquecerá el contenido y permitirá a otros lectores (cercanos a ti) o incluso a ti mismo una comprensión aún más profunda.

Este proceso colaborativo, es lo que en última instancia enriquecerá esta obra y la convertirá en algo más que un simple conjunto de palabras. Así que, te invito a embarcarte en este viaje con entusiasmo y dedicación.

A medida que avanzamos en este libro, quiero abordar un tema importante: la posibilidad de que encuentres cierta repetición de ideas o conceptos en diferentes capítulos. Esta repetición no es accidental, sino un elemento deliberado de diseño. A lo largo de esta obra, he optado por destacar ciertos conceptos clave, estrategias y enfoques que considero fundamentales para tener éxito en la industria del entretenimiento. La razón detrás de esta elección es simple: reforzar y profundizar en estos temas para que se conviertan en una parte arraigada de su comprensión y enfoque en este apasionante mundo.

La repetición ocasional de ideas es una herramienta pedagógica común que se usa para ayudar a los lectores a asimilar y aplicar estos conceptos con mayor claridad y efectividad. Al encontrar ciertas ideas más de una vez, les brindo la oportunidad de verlas desde diferentes perspectivas, comprender su relevancia en varios contextos y, en última instancia, internalizarlas en su propio enfoque.

Mi objetivo es que, al final de este viaje, no solo tengas un conocimiento superficial de los negocios y las estrategias en el sector del entretenimiento, sino que hayas desarrollado una comprensión profunda y una mentalidad que te permita enfrentar los desafíos y aprovechar las oportunidades con confianza y creatividad.

Este libro es una obra sin convencionalismos, diseñado para que lo explores en el orden que tu intuición te guíe. No te apresures en pasar de un capítulo al siguiente como si estuvieras en una carrera contra el tiempo queriendo terminarlo rápido. En lugar de eso, permítete el lujo de digerir cada palabra, cada frase, cada página en el momento presente. Aquí, 1 + 1 no necesariamente suman dos; es un espacio donde la suma es mucho más que sus partes. Podrás encontrar igual valor al leerlo de adelante hacia atrás como de atrás hacia adelante, o incluso saltando entre páginas al azar, que claramente me gustaría que lo leyeras en el orden que se ha colocado.

Cada segmento se ha construido para ofrecer conocimiento y sabiduría por sí mismo, pero también para armonizar con el conjunto en un desorden perfectamente calculado. Así que respira profundamente, abre tu mente y corazón, y prepárate para una experiencia lectora que va más allá de la estructura lineal.

Este texto inicial ha sido elaborado una vez que todo el libro ha sido escrito, con la aspiración de inspirar y ayudar a otras personas a que, gracias a mi humilde experiencia, puedan dedicarse a este apasionante mundo. Si logro tan solo el resultado de que una única persona logre un pequeño éxito profesional en este campo, todo el esfuerzo invertido habrá merecido la pena.

Con gratitud,
Manuel J. Villegas

RESPETO ABSOLUTO POR EL ARTISTA.

CAPÍTULO 01

UNA VISIÓN PERSONAL

En este apartado quiero abordar un tema que me ha acompañado a lo largo de los años y que considero fundamental: el respeto por cada artista, sin importar su nivel de reconocimiento o el escenario en el que se presenta. Desde el músico que forma parte de una orquesta de versiones en la plaza de un pequeño pueblo, o el cantante callejero que a cambio de unas monedas se expone ante los viandantes desnudando su alma de interprete, hasta el artista que deslumbra frente a una multitud de 50.000 personas, todos merecen mi más profundo reconocimiento.

Siempre he sentido que cada artista, sin importar su estatus, merece ser tratado con la misma consideración y aprecio. He optado por evitar términos como "telonero" cuando nos referimos a ese artista que actúa antes del artista principal o artista anunciado en un evento, ya que siento que esta palabra no captura la esencia del papel que desempeñan estos artistas que abren un concierto e incluso se exponen a un probable juicio por parte del público mientras esperan a que comience el show que los ha llevado hasta allí. En su lugar, prefiero decir "la persona que abre el concierto" o "el invitado qué inicia el concierto". Estas expresiones transmiten un mayor nivel de respeto y reconocen la importancia de su contribución al evento.

Otra palabra que he decidido desterrar de mi vocabulario es "bolo", una palabra que a menudo se utiliza para referirse a un concierto o show. En mi opinión, un concierto es un acto de gran significado, un momento en el que un artista comparte su pasión y talento con el público. El término "bolo", bajo mi punto de vista y respeto a quién lo hace de manera sistemática, no hace justicia a la dedicación y sacrificio que implica presentarse ante una audiencia, sin importar su tamaño. Cada concierto es una oportunidad valiosa para conectar con el público y transmitir emociones a través de la música y la interpretación.

En resumen, este apartado es un tributo al respeto que siento por todos los artistas del mundo, desde los que actúan en escenarios modestos hasta aquellos que se presentan frente a multitudes masivas. Cada uno de ellos aporta su singularidad y pasión al mundo del arte, y merecen nuestro apoyo incondicional y admiración. En las siguientes páginas exploraremos cómo este respeto por el artista es esencial para nutrir un ambiente creativo y enriquecedor.

NOTAS DEL LECTOR

"UN ARTISTA ES CAPAZ DE MOSTRAR COSAS QUE A OTRAS PERSONAS LES ATERRARÍA EXPRESAR".

LOUISE BOURGEOIS

GUIANDO EL DESPERTAR ARTÍSTICO DE NUESTROS HIJOS, UN CONSEJO PARA PADRES.

CAPÍTULO 02

Desarrollo de la exploración artística

Como padres, poseemos un poder increíble: la capacidad de moldear el potencial creativo de nuestros hijos. Ya sea cantar, tocar un instrumento, pintar, interpretar o esculpir, cada búsqueda artística abre una puerta a la autoexpresión y la imaginación. Es fundamental que nunca coartemos ni limitemos esta exploración. Al fomentar las inclinaciones artísticas de nuestros hijos, allanamos el camino para que descubran una parte de sí mismos que puede influir profundamente en su futuro.

Sembrando semillas de pasión

Las semillas de pasión que plantamos a través de la educación artística pueden florecer en intereses de toda la vida. Al crear un entorno propicio que aliente la creatividad, creamos el espacio para que nuestros hijos cultiven habilidades que podrían convertirse en su trabajo para toda la vida. El bailarín, el escritor, el actor: estas vocaciones a menudo surgen gracias al aliento temprano brindado por padres que reconocen el valor de nutrir el crecimiento creativo.

Forjando caminos hacia futuras carreras

La educación artística no es solo un pasatiempo; es una puerta a posibles futuras carreras. Las habilidades adquiridas a través de esfuerzos creativos pueden influir profundamente en la trayectoria profesional de un niño. Al defender los intereses creativos de nuestros hijos, abrimos oportunidades en las que la pasión se transforma en una profesión satisfactoria. Muchos individuos exitosos atribuyen sus logros a padres que respaldaron sus sueños creativos.

Inversiones en alegría y plenitud

El acto de crear ya sea a través de pinceladas, notas musicales o actuaciones teatrales, brinda una inmensa alegría y plenitud. Al permitir que nuestros hijos se sumerjan en sus inclinaciones artísticas, les otorgamos el regalo de experimentar la alegría que proviene de su propia imaginación. Este regalo va más allá de adquirir habilidades; fomenta un sentido de logro y autoestima que los acompañará a lo largo de su vida.

Un legado inolvidable

El impacto del aliento de un padre resuena a lo largo de la vida de un niño. Los recuerdos de esos años formativos, de pintar, cantar o actuar, quedan grabados en el corazón de un niño para siempre. Este legado se convierte en una base sólida en la que los niños pueden apoyarse a lo largo de toda su vida. El aprecio por este respaldo se convierte en un cimiento en el que pueden apoyarse durante toda la vida.

Testimonio personal: Un testamento al potencial

Como autor de este libro te hablo desde mi experiencia personal, agradeciendo infinitamente a mis padres Manuel e Isabel, el poder estar viviendo un viaje que ejemplifica el potencial liberado al permitirme y favorecer fomentar la creatividad. A los ocho años, se me brindó la oportunidad de explorar la música a través de clases de solfeo que es cómo se llamaba antes al lenguaje musical, y de piano.

Esta inversión temprana en mi educación artística me encaminó hacia una vida de pasión y logros personales y profesionales. Conocer la música desde dentro y desde tan joven me ha ayudado a amarla sin límites, a respetarla, a conocerla y a inventarme lo que hoy supone para mi un modo de vida, no tanto como compositor o interprete, pero sí como productor y organizador de eventos musicales. Este ejemplo de la vida real demuestra el impacto extraordinario que los padres pueden tener cuando facilitan la exploración creativa.

Dejando un legado de empoderamiento

Los padres que fomentan la educación artística están dejando un legado duradero para sus hijos. Les otorgan las herramientas para explorar su creatividad, encontrar su voz única y desbloquear un potencial ilimitado. Al crear un entorno que alienta la exploración, la creación y la alegría de la expresión artística, los padres les ofrecen a sus hijos un regalo que enriquecerá sus vidas y moldeará sus identidades para siempre.

NOTAS DEL LECTOR ↘

___

___

___

___

___

___

___

A QUIÉN VA DIRIGIDO ESTE LIBRO.

CAPÍTULO 03

En el corazón del amplio y emocionante mundo del arte y el entretenimiento yace un poderoso impulso: el AMOR AL ARTE. Es el fuego que enciende la pasión creativa en artistas, el motor que impulsa a los emprendedores a forjar nuevos caminos, y el faro que guía a los inversores hacia oportunidades únicas. Este libro nace de la convicción de que es posible unir el llamado del corazón con estrategias pragmáticas para crear una vida gratificante y exitosa en el universo artístico.

"VIVIR por 'AMOR AL ARTE'" es un viaje a través de las múltiples dimensiones del sector del entretenimiento, un terreno donde los sueños convergen con la realidad y donde el talento se mezcla con la determinación. Aquí exploraremos una miríada de senderos que se entrecruzan en este vasto territorio, con el propósito de guiar a diversos lectores hacia sus metas, sin importar en qué etapa de su camino se encuentren.

A lo largo de estas páginas acompañaremos a artistas en desarrollo que buscan encontrar su voz única, emprendedores creativos que desean trascender los límites de lo convencional, músicos y artistas emergentes que luchan por ser escuchados en medio del ruido, profesionales en transición que anhelan dar un nuevo rumbo a sus trayectorias y, por supuesto, a aquellos inversores intrépidos que buscan conectar con proyectos que no solo prometen rendimientos, sino también un impacto duradero en la industria.

Estamos a punto de sumergirnos en un mundo lleno de desafíos y oportunidades, un mundo que exige tanto talento como estrategia, tanto pasión como planificación.

El arte y el entretenimiento son más que meros pasatiempos: son motores de cambio cultural y económico que, con la guía adecuada, pueden transformar vidas y dar forma a un futuro vibrante.

Este libro es para aquellos que se atreven a soñar y que están dispuestos a tomar medidas concretas para dar vida a esos sueños. Prepárate para explorar los secretos de un sector donde el arte y el negocio convergen en una danza fascinante.

En las páginas que siguen, descubriremos juntos cómo es posible "VIVIR por 'AMOR AL ARTE'" en todas sus formas y manifestaciones. Cuando se habla de arte la creatividad es infinita, pero he decidido acotar en 20 puntos el público a quién deseo dirigir el contenido de esta obra.

1. Artistas emergentes y en desarrollo

Este grupo busca orientación en las primeras etapas de su carrera artística. Necesitan consejos sobre cómo equilibrar su pasión con estrategias de negocio efectivas.

2. Emprendedores creativos

Se centra en individuos que buscan iniciar o gestionar negocios en el ámbito del arte y el entretenimiento, desde galerías hasta start-ups tecnológicas enfocadas en el arte.

3. Profesionales en transición

Aquellos que, provenientes de otras industrias, desean aplicar sus habilidades y experiencia en el mundo del arte y el entretenimiento.

4. Inversores en entretenimiento

Personas interesadas en las oportunidades financieras que ofrece el sector del arte y entretenimiento, y cuando hablo de entretenimiento, me refiero principalmente a, teatro, cine, música, pintura, escultura, diseño y cualquier disciplina que requiera talento creativo.

5. Educadores y mentores

Profesionales que forman la próxima generación de artistas, proporcionando educación, orientación y mentoría.

6. Expertos en derechos y licencias

Este grupo se enfoca en los aspectos legales como derechos de autor, licencias y contratos que son cruciales en el mundo del arte.

7. Comunicadores y periodistas

Profesionales que informan y critican las manifestaciones artísticas, siendo un puente entre los creadores y el público.

8. Fans y aficionados

Personas apasionadas por el arte y el entretenimiento que buscan comprender más sobre lo que consumen y cómo se produce.

9. Equipos de producción y técnicos

Personas detrás de escena en eventos en vivo, cine, teatro, etc., responsables de que todo funcione sin problemas técnicos.

10. Directores y productores

Los tomadores de decisiones en proyectos artísticos, responsables tanto de la visión creativa como del aspecto financiero.

11. Profesionales de marketing y publicidad

Enfocados en cómo comercializar y monetizar proyectos de arte y entretenimiento, desde campañas publicitarias hasta relaciones públicas.

12. Diseñadores y creativos visuales

Profesionales que aportan la estética visual a un proyecto, desde diseño gráfico hasta dirección de arte en cine.

13. Escritores y guionistas

Los cerebros detrás del contenido narrativo en libros, guiones de cine y teatro, blogs, etc.

14. Críticos y curadores

Evaluadores y seleccionadores de arte, su influencia puede tener un impacto significativo en la percepción del público y la trayectoria de un artista.

15. Agencias y representantes

Actúan como mediadores entre artistas y oportunidades de negocio, ayudando en negociaciones y contratos.

16. Desarrolladores de tecnología

Innovadores en la intersección de tecnología y arte, desarrollan nuevas formas de crear o consumir contenido artístico.

17. Distribuidores y plataformas

Los encargados de llevar el producto artístico al público, desde almacenes, recomendadores, comercios físicos o tiendas online hasta plataformas de streaming.

18. Gestores culturales

Responsables de la planificación y ejecución de eventos y proyectos culturales, trabajan para promover el arte en la comunidad.

19. Consultores y asesores

Ofrecen estrategias y soluciones a medida para problemas específicos en el mundo del arte y el entretenimiento.

20. Compositores y músicos de estudio

Profesionales centrados en la creación musical, su trabajo es fundamental, pero a menudo permanece en segundo plano.

NOTAS DEL LECTOR ↘

VIVIENDO EL ARTE, NO LA FAMA. EL VERDADERO SIGNIFICADO DEL TRIUNFO.

CAPÍTULO 04

En este mundo de luces deslumbrantes y sombras fugaces es fácil confundir el reflejo de un diamante con su verdadero brillo. El éxito en el mundo del arte es frecuentemente una pantomima bien ensayada, dictada por las métricas de las redes sociales, la aprobación pública y la acumulación de riqueza. Pero permíteme preguntarte: ¿no hay algo profundamente errado en como definimos 'triunfo' en este espacio?

Es crucial distinguir entre la fama, una novia exigente que promete el mundo, pero ofrece poco, y el auténtico triunfo en la esencia de nuestro arte. Las nuevas generaciones de artistas, ansiosas por una gratificación inmediata, pueden caer fácilmente en la trampa de pensar que los aplausos y los 'me gusta' son el pináculo del arte. Pero ¿no es más gratificante ser testigos del impacto real que nuestra obra puede tener en la vida de las personas?

Nos obsesionamos con los números: seguidores, vistas, likes, ventas, reproducciones. Pero ¿qué hay de la auténtica conexión emocional que tu obra puede forjar con un solo individuo? ¿No es esa la magia del arte? El poder de tocar una vida, de cambiar un destino, es quizás el mayor logro a que un artista puede aspirar.

En países desarrollados, es más que posible vivir del arte que amamos. Tomemos como ejemplo a un camarero que gana 2000€ al mes. Está contento, sí, pero ¿está lleno de pasión? Es probable que sí lo esté si su vocación es esta, pero no quiero infravalorar el trabajo en esta profesión: quiero llegar a otro punto. Ahora, consideremos al artista, ya sea pianista, escultor o poeta, que logra lo mismo. Ese artista vive y respira su pasión todos los días y, a cambio recibe una remuneración que le permite tener una vida digna. Esta es la verdadera definición de triunfo y es un logro monumental independientemente de cuán conocidos seamos.

Los artistas son seres soñadores, siempre aspirando a más. Podría ser fácil pensar que 2000 € o 3000 € no son suficientes. Pero aquí yace la verdadera pregunta: ¿qué es suficiente en la búsqueda de nuestros sueños? A veces, el verdadero triunfo no se mide en cifras, sino en la riqueza del alma, en la plenitud del espíritu, en la satisfacción de saber que estás viviendo tu verdad.

En este siglo de ilusiones y espejismos es esencial recordar que el arte es y siempre ha sido un acto de valentía y de autenticidad. El verdadero artista ya ha triunfado, porque vive a través de su arte. Su alma está perpetuamente bañada en la luz de su pasión, y eso, queridos lectores, es el éxito en su forma más pura.

Al cerrar esta sección quiero tocar las fibras más profundas de tu ser con una invitación a reflexionar: en tu viaje hacia el reconocimiento, nunca olvides que el arte más verdadero se origina en el alma y se manifiesta en cada pincelada, en cada acorde, en cada verso que escribes. Al final de este camino, encontrarás no solo el aplauso del público, sino una alegría y un sentido de plenitud que no tiene precio. Y eso, querido lector, es el verdadero significado del triunfo.

MIS 10 MANDAMIENTOS PARA EL PROMOTOR DE SHOWS. ESTRATEGIAS ESENCIALES PARA TRIUNFAR EN EL MUNDO DEL ENTRETENIMIENTO EN VIVO.

CAPÍTULO 05

Bienvenidos al universo de la promoción de espectáculos en vivo, una arena donde la pasión por el arte se encuentra con la realidad del negocio. Si alguna vez has soñado con estar en el corazón del mundo del entretenimiento, coordinando eventos que emocionen a multitudes y definan momentos, estás en el lugar adecuado. Pero no te equivoques: este es un terreno donde las emociones deben ser equilibradas con una mente fría y calculadora, donde cada decisión puede ser tan crucial como la nota más alta de una melodía. Vamos a sumergirnos en mis "10 Mandamientos para el Promotor de Shows," una hoja de ruta cuidadosamente pensada para navegar en este emocionante pero desafiante entorno.

Cada uno de estos "mandamientos" aborda aspectos cruciales del negocio: desde la selección de artistas y la asignación de presupuestos, hasta la creación de experiencias inolvidables y la gestión de datos de clientes. Estos son los pilares que te permitirán no solo sobrevivir sino prosperar, convirtiendo cada show en una obra maestra de coordinación, marketing y ejecución.

A medida que avancemos, te equiparás con el conocimiento y las estrategias que te podrían convertir en un promotor de shows de alto calibre. Así que prepárate, porque estás a punto de adentrarte en una de las aventuras más gratificantes de tu vida profesional.

1. Jamás compres un artista desde tu posición como fan

Es fácil enamorarse del arte y el talento. Después de todo, la emoción que se siente al escuchar una melodía perfecta o ver una actuación cautivadora es incomparable. Pero aquí radica la trampa: cuando permites que tu admiración por un artista nuble tu juicio empresarial, estás jugando con fuego.

Ser un fanático puede llevar a decisiones emocionales, tales como ofrecer un contrato más generoso de lo que tu presupuesto permite o ignorar cláusulas contractuales riesgosas solo porque "confías" en el artista. Además, tus expectativas emocionales pueden llevarte a desilusiones profesionales. Por ejemplo, podrías acabar con un artista o un equipo de trabajo difícil de manejar, desafiando tus habilidades como promotor y poniendo en riesgo el evento. También puedes encontrar que el rendimiento económico no está a la altura de tus expectativas, lo que a su vez afecta a tu bolsillo y a los recursos económicos de otros proyectos.

Es vital mantener una mentalidad fría y analítica. El romanticismo y el sentimentalismo son maravillosos para la sala de conciertos, pero en la sala de juntas, el negocio debe ser el protagonista. Tus decisiones deben basarse en una investigación minuciosa: desde el seguimiento del artista en las redes sociales y las ventas anteriores de entradas, hasta su reputación en la industria y su profesionalismo. Alinea estas variables con tu plan de negocio para garantizar que estés tomando una decisión calculada y rentable.

He sido testigo de cómo promotores se han quebrado emocionalmente y han roto a llorar desconsolados al contratar a artistas que idolatraban. Esos momentos dolorosos ocurren cuando la realidad se desvía drásticamente de la imagen idealizada que tenían del artista o incluso de su equipo. Algunos han tenido experiencias tan negativas que terminan cuestionando su elección de carrera. Ya sea porque el artista o su equipo resultaron ser personas con las que es difícil trabajar, o porque la inversión se convierte en una pérdida financiera insostenible, las emociones intensas pueden convertirse en un caldo de cultivo para decisiones imprudentes y resultados catastróficos. Por eso es crucial abordar cada contrato, cada negociación y cada evento con un enfoque empresarial sólido, sin dejar que las emociones nublen el juicio.

2. Destina un presupuesto importante para la promoción

Es posible que hayas oído la famosa regla de la Coca-Cola en sus primeros meses de días: invertían alrededor del 140.000 % más en marketing que en el costo de producción del producto. Si bien esta cifra no se aplica de manera universal, subraya una verdad crucial: sin una promoción efectiva, incluso el mejor producto (o en este caso, el mejor espectáculo) podría pasar desapercibido.

ste cambio refleja la información precisa sobre la inversión en publicidad de Coca-Cola en sus inicios y enfatiza la importancia de la promoción efectiva para destacar un producto o espectáculo.

Imagínate que contratas a un artista por 50.000 euros. No basta con hacer un pequeño esfuerzo en redes sociales o depender únicamente del boca a boca. Para asegurarte de que el show sea un éxito, considera invertir al menos un 20 % adicional para la promoción, es decir, un mínimo de 10.000 euros. Esta inversión abarca desde campañas de radio y publicidad en Internet o incluso promociones en televisión si el artista o la magnitud del proyecto lo ameritan.

El mundo del marketing es una extensa y fascinante línea en constante evolución. Desde las estrategias tradicionales de publicidad hasta las tácticas más modernas, como el influencer marketing y el marketing de contenido, hay un abanico de posibilidades para alcanzar eficazmente a tu público objetivo. En mi caso, siento una pasión profunda por el marketing, especialmente por la vertiente de la comunicación disruptiva. En la era actual, donde la atención de las personas se reduce a unos pocos segundos debido a la avalancha de información, la originalidad se convierte en un elemento crucial. Capturar la atención de manera rápida y creativa es esencial para convertir la comunicación en ventas exitosas. La creatividad y la innovación son mis aliados en este emocionante viaje en el mundo del marketing.

3. Comienza a vender tickets al menos 90 días antes del show

El tiempo es tu aliado más valioso cuando se trata de la promoción de un show. No solo te da el espacio necesario para corregir errores o adaptar tu estrategia, sino que también permite generar un sentido de anticipación y emoción en tu público objetivo. Tener un plazo mínimo de 90 días para la venta de entradas no es un capricho; es una regla de oro en la industria. En algunas circunstancias, incluso podrías considerar abrir la venta de tickets hasta seis meses antes del evento.

Este margen te permite realizar ajustes en tu campaña de marketing, observar cómo se están vendiendo las entradas y, si es necesario, implementar estrategias de descuentos o promociones especiales para estimular las ventas. Además, te da tiempo para recopilar datos sobre quiénes están comprando entradas, lo cual es invaluable para futuras campañas y para establecer una relación más sólida con tu público. Esperar hasta el último momento para empezar a vender puede resultar en una campaña apresurada, decisiones impulsivas y, en última instancia, en un evento menos exitoso e incluso un fracaso.

4. Informa a familia y amigos que es tu trabajo, tu riesgo, tu negocio

Es común que amigos y familiares confundan tu labor como promotor de eventos con una simple fiesta pues para ellos probablemente sea solo un momento para ponerse guapos y salir a disfrutar una fiesta. Es crucial que entiendan que cada ticket gratis que se entrega es un golpe a la rentabilidad del evento. Esto no es un hobby, es tu trabajo, tu tiempo y tu inversión lo que supone implícitamente un riesgo. Al igual que no esperarían recibir comidas gratis en el restaurante de un amigo, o ropa gratis en la tienda de un familiar, no deberían esperar entradas gratis para un evento que tiene un costo y riesgo asociados.

Es más, cada ticket no vendido es un espacio vacío que pudo haber generado ingresos, tanto de la entrada misma como de las compras adicionales que esa persona podría haber hecho en el evento, como comida, bebidas o merchandising. Es vital establecer límites claros desde el principio y comunicar que, aunque aprecias su apoyo emocional, necesitas su apoyo financiero comprando un ticket como cualquier otro asistente. Esto no solo protege tu inversión, sino que también pone en claro que respetan tu profesionalismo y el riesgo financiero que estás asumiendo.

5. Vende a tu público una experiencia

En el mundo del entretenimiento en vivo, el producto no es sólo el artista en el escenario; es toda la experiencia que envuelve al espectáculo. Desde el momento en que alguien ve tu publicidad hasta que deja el lugar del evento, todo cuenta. Compañías como el Cirque du Soleil han perfeccionado el arte de vender experiencias, hasta el punto en que el nombre del show se convierte en un sinónimo de calidad y entretenimiento excepcional.

En este sentido, la creación de tu marca personal es vital. Tu nombre como promotor o el nombre de tu empresa debe estar asociado a experiencias memorables, lo que, a su vez, crea lealtad en el cliente y fomenta la venta de futuros tickets. No escatimes en detalles: desde la facilidad para comprar un ticket online hasta la comodidad de los asientos, pasando por la calidad del sonido y la iluminación. Una experiencia excepcional justifica precios más elevados y genera un 'boca a boca' positivo, la forma más antigua y efectiva de marketing.

6. Asiste a varios shows con papel y lápiz y toma nota de detalles relevantes

La mejor educación a menudo proviene de la observación directa. Asistir a otros eventos te proporciona un laboratorio en vivo para entender tanto lo que debes hacer como lo que debes evitar. Esto va más allá de simplemente disfrutar del show; se trata de un estudio minucioso. Observa todo, desde cómo se manejan las filas y la entrada de la audiencia hasta el tiempo que tarda en comenzar el espectáculo después de la hora anunciada. ¿Cómo está el servicio de comida y bebida? ¿Qué tal es la acústica?

Lleva un cuaderno y escribe tus observaciones. A menudo, las ideas más brillantes vienen de pequeños detalles que puedes adaptar y aplicar en tus propios eventos. Pero no te detengas en los aspectos negativos; haz un esfuerzo consciente por identificar las cosas que se hacen bien y considera cómo podrías implementarlas en tus propios shows. Recuerda, cada evento es una oportunidad para aprender y mejorar tanto tus habilidades como promotor como la experiencia que ofreces a tu público.

7. Negocia con la ticketera la entrega de la base de datos de tus clientes - el oro digital de tu negocio

La gestión de datos es uno de los aspectos más cruciales, pero a menudo subestimados, en la industria del entretenimiento. El poder de una base de datos bien gestionada puede ser el factor que marca la diferencia entre un evento exitoso y uno que fracasa antes de empezar. A menudo, las plataformas de venta de tickets como Ticketmaster, con su alcance y capacidad para recopilar datos, son socios clave en este ámbito. No estoy diciendo que negociar este punto sea fácil, pero sí que se debe intentar para llegar al máximo. Incluso te reto a que seas bastante rígido a la hora de elegir a una ticketera u otra en base a la flexibilidad que te ofrezca sobre este punto. Yo siempre pienso que el cliente es en un tanto por ciento más alto tuyo como promotor que de ellos como ticketera, y por eso no consigo comprender el hecho de que se nieguen a cederte esta información fundamental.

Para entender la importancia de esto, primero es necesario comprender el valor de los datos en el entorno empresarial actual. Estamos hablando de información más allá de simplemente quién compró un ticket. Se trata de patrones de compra, horarios en que se efectúan las compras, métodos de pago favoritos, e incluso géneros o artistas similares que los clientes podrían disfrutar. Esta información no solo es útil para el evento actual, sino que es esencial para tus futuros esfuerzos de marketing.

Al negociar tu contrato con una ticketera, como Ticketmaster, por ejemplo, asegúrate de que la cláusula de entrega de datos sea clara y beneficiosa para ambas partes. Las grandes ticketeras tienen bases de datos enormes, pero tu evento también aporta valor a su negocio. No vendes solo tickets, vendes engagement, vendes una comunidad. Por lo tanto, es justo que tengas acceso a la información que te permitirá cultivar esa comunidad en el futuro.

El acceso a estos datos también abre puertas para estrategias de marketing más efectivas. Imagina poder enviar un correo electrónico a los asistentes del evento pasado sobre una preventa exclusiva para un evento futuro similar. O tal vez quieras ofrecerles descuentos en merchandising oficial o experiencias VIP. Además, esos datos te dan la capacidad para crear alianzas estratégicas con otras marcas, ya que puedes ofrecer un público segmentado y altamente involucrado, lo cual es invaluable en el mundo del marketing.

Ahora bien, es crucial manejar estos datos con responsabilidad y respeto, cumpliendo con las leyes y regulaciones de privacidad. El manejo inadecuado de la información puede llevar a problemas legales y de reputación. Por lo tanto, cuanto más completo sea tu entendimiento de la gestión de datos y de cómo puede ser implementada éticamente, más fuerte será tu posición en la industria.

En resumen, negociar la entrega de la base de datos de tus clientes cuando trabajas con ticketeras como Ticketmaster no es simplemente un extra, es una necesidad. Se trata de una mina de oro de oportunidades para expandir tu negocio, construir relaciones a largo plazo con tus clientes y asegurar el éxito sostenible de tus eventos. Este punto se integra perfectamente con todo lo que has desarrollado en tu estrategia, solidificándolo como un pilar fundamental en tu camino hacia el éxito como promotor de eventos.

8. Crea un Plan B y un Plan C

Aunque siempre aspiramos a que todo salga según lo planeado, la realidad es que los imprevistos suceden. Y en la industria del entretenimiento, donde hay múltiples factores que pueden ir mal, desde fallos técnicos hasta mal tiempo o cancelaciones de último minuto por parte del artista, es fundamental tener planes de contingencia.

Un Plan B y un Plan C bien pensados no son solo una red de seguridad, sino una demostración de tu profesionalismo y tu capacidad para manejar situaciones complicadas. Ya sea que tengas que cambiar de lugar debido a problemas de permisos, o que tengas que resolver situaciones inesperadas como en el caso de que el artista principal en un festival cancele, siempre es mejor estar preparado. Este nivel de preparación no solo te pone en una posición más fuerte frente a los imprevistos, sino que también construye confianza con los artistas, las ticketeras y, lo más importante, tus clientes.

9. Gestión del talento: cómo negociar y tratar con artistas y sus equipos

La relación entre el promotor y el artista trasciende más allá de una simple transacción comercial. Se trata, en realidad, de una alianza estratégica que, adecuadamente gestionada, puede catapultar a ambos hacia niveles inéditos de éxito. En el apasionante mundo del entretenimiento en vivo, la diplomacia, la empatía y la comunicación efectiva son más que deseables: son absolutamente esenciales.

Contratar a un artista no implica simplemente firmar un contrato y enviar un cheque. Va mucho más allá de esto. Es imperativo conocer sus expectativas, requisitos técnicos, y también lo que específicamente no desean o no aceptan. Mantener un diálogo abierto y constante con todo el equipo del artista, desde los managers hasta los técnicos, resulta clave para evitar malentendidos.

La negociación con el artista y su equipo debe ser siempre transparente y honesta. Los términos del contrato, más allá de las cifras, deben ser claros para todos, eliminando cualquier margen de ambigüedad que pueda generar tensiones más adelante. No olvidemos que cada parte contribuye a un objetivo común: el éxito del evento.

En este contexto, prestar atención a los detalles más finos es vital. Desde las especificaciones del equipo técnico hasta las preferencias personales del artista en cuanto a alojamiento y alimentación, cada aspecto cuenta y tiene el potencial de influir en el ambiente y la calidad final del espectáculo.

La reputación lo es todo en este negocio. Una relación bien gestionada con el talento puede abrir puertas para futuros proyectos. Estar en sintonía con el equipo del artista no solo ayuda a evitar contratiempos, sino que también permite el desarrollo de colaboraciones a largo plazo, oportunidades de patrocinio y una red extendida dentro de la industria. Un artista satisfecho probablemente te recomendará, aumentando así tu credibilidad y tu alcance en el mercado.

En definitiva, la gestión efectiva del talento es un arte delicado que requiere mucho más que habilidades de negociación y un cheque con muchos ceros. Requiere una comprensión profunda y empática de las necesidades tanto humanas como profesionales de los artistas y sus equipos. Cuando se logra este nivel de comprensión y se maneja con cuidado esta relación se convierte en una inversión a largo plazo, beneficiando a todas las partes y consolidando una reputación impecable en la industria del entretenimiento.

10. Cultivar un ambiente de trabajo excepcional: el arte del liderazgo inspirador

La energía y la atmósfera que se respiran en un equipo son fundamentales para el resultado final de cualquier evento. En el frenético mundo del entretenimiento en vivo, donde cada segundo cuenta y los márgenes de error son escasos, un equipo feliz, motivado y en sintonía es no solo un lujo, sino una necesidad. Como promotor, tienes en tus manos no solo la coordinación logística y artística del evento, sino también el estado emocional de tu equipo.

La labor de un buen líder no se detiene en la asignación de tareas según habilidades; se trata también de conocer los anhelos, inquietudes y sueños de cada persona que compone tu equipo. No es un asunto trivial; es la esencia misma de un liderazgo que inspire lealtad y saque lo mejor de las personas. En una industria donde el cansancio mental y físico no solo es posible, sino probable, la empatía y la comprensión son habilidades líderes que no pueden subestimarse.

El reconocimiento de logros, incluso los más mínimos, actúa como un catalizador de la motivación. Celebra las victorias, no importa cuán pequeñas sean. Crea momentos memorables que se conviertan en las historias que tu equipo querrá contar. Y siempre mantén canales de comunicación abiertos; un equipo que se siente escuchado es un equipo que se compromete más profundamente con su trabajo.

Es cierto que el riesgo del negocio es tuyo, pero las recompensas del éxito son más dulces cuando son compartidas. Ofrece incentivos que vayan más allá del cheque de pago. En un sector donde se da el cuerpo y el alma, a menudo trabajando más allá de las tradicionales ocho horas diarias, pequeños gestos pueden hacer una gran diferencia, desde descansos bien merecidos, hasta experiencias que rejuvenezcan el espíritu del equipo.

En última instancia, el liderazgo en el mundo del entretenimiento en vivo es una danza delicada entre la exigencia profesional y la conexión humana. Es un acto de equilibrio que requiere una mano firme y un corazón abierto. Cuando se maneja con habilidad y autenticidad, el resultado no es solo un evento exitoso, sino también un legado de relaciones laborales que durarán mucho más allá del cierre del telón.

Un ambiente de trabajo positivo no solo mejora la eficiencia y la calidad del evento; también te permite retener talento en una industria donde la experiencia y la habilidad son absolutamente irremplazables. A largo plazo, la calidad del ambiente laboral se convierte en tu firma como líder, un sello de excelencia que te distinguirá en un mercado cada vez más competitivo.

Sobre estos 10 mandamientos, "Un Réquiem al Arte de Promover Sueños"

En el caleidoscopio incesante que es el mundo del entretenimiento en vivo, cada promotor es tanto artista como empresario, tanto soñador como estratega. Estos diez mandamientos, tejidos con hilos de experiencia, pasión y sagacidad, son faros que iluminan la senda hacia la realización profesional y personal. Pero más allá de las luces, más allá de los acordes y las risas, más allá de los contratos y las cifras, yace un elemento inmutable: la conexión humana.

Al final del día, cuando las luces se apagan y el público se disipa, lo que perdura son las relaciones que hemos cultivado y el impacto que hemos tenido en las vidas de quienes nos rodean.

En cada show que promovemos, en cada artista que elevamos, en cada equipo que lideramos, depositamos una parte de nuestra alma, un legado invisible pero palpable que reverbera en los anales de la historia del entretenimiento. Cada proyecto es una pincelada más en el lienzo grandioso de nuestra carrera, un acorde más en la sinfonía que compone nuestra vida.

La tarea del promotor es una labor de amor, un compromiso que trasciende el tiempo y la fatiga, que nos convoca en las largas horas de la noche y nos susurra promesas de lo que podría ser. Es un romance eterno con la posibilidad, un coqueteo interminable con la grandeza. A medida que cerramos cada capítulo de este libro, quiero que sientas en tu corazón la potencia de este llamado, que lo abraces como el abrazo de un viejo amigo, como la melodía favorita que siempre vuelve a encontrarte, no importa cuánto tiempo pase.

Que estos mandamientos no sean solo preceptos que sigas, sino estrellas que te guíen en las noches más oscuras y faros que iluminen tu camino en los días más grises. Que te inspiren a ser no solo un promotor exitoso, sino también un ser humano extraordinario. Porque, al final del día, el show debe continuar, sí, pero es el amor, el respeto y la pasión lo que lo hace inolvidable.

NOTAS DEL LECTOR ✎

La arquitectura financiera del escenario. Desmitificando el porcentaje del manager en la industria musical.

CAPÍTULO 06

La idea de cuánto gana un manager de artistas no es una cuestión lineal, sino más bien una compleja estructura financiera que depende de una serie de variables. Comenzaré diciendo que no es lo mismo gestionar la carrera de un artista de primer nivel en cuanto a capacidad de facturación como Beyoncé, Marc Anthony o Luis Miguel, que hacerlo para un músico local con una capacidad de aforo que no supera las 500 personas. Y no, no se trata de menospreciar a los artistas emergentes; es más una cuestión de economía del tiempo y coste de oportunidad.

Las 24 horas del día son una constante para todos. Si descontamos el tiempo destinado a descanso y vida personal, la ventana para generar ingresos es limitada. Aquí entra el concepto de coste de oportunidad: si eres un manager con una estructura de gastos fija, cada hora debe traducirse en un ingreso que al menos cubra tus necesidades básicas y las del negocio.

La industria suele trabajar con el estándar de que el manager recibe aproximadamente el 20 % de los ingresos brutos del artista. Pero ese porcentaje puede variar considerablemente, desde un 30 % hasta un 50% en casos de asociación directa con el artista. Conozco casos en los que esta alianza al 50 % ha resultado increíblemente fructífera para ambas partes durante años.

Es esencial mencionar que este porcentaje no es ganancia neta para el manager. Existen compromisos como comisiones para agentes de zona o "conseguidores" locales que pueden restarle al manager hasta un 10 % de su porcentaje inicial. Entonces, aunque a simple vista un 20 % de un millón de dólares suene como un negocio redondo, la realidad es que mantener una estructura empresarial con esos ingresos es una empresa costosa en sí misma.

No olvidemos que, por mucho que un manager pueda diversificar su cartera de artistas para incrementar sus ingresos, la eficiencia y rentabilidad tienen que ser la constante para todos ellos. Esto casi siempre implica contar con una infraestructura y un equipo sólidos, lo cual también tiene su coste.

El talento artístico es innegablemente la columna vertebral de todo este ecosistema. Sin un buen artista, el mejor manager del mundo no podría hacer magia. Pero también es cierto que un gran talento sin una guía experta y estratégica podría no llegar tan lejos. Recuerdo una conversación con mi amiga la artista María Toledo, quien durante un viaje reciente a Marruecos donde estábamos trabajando en un festival, me dijo algo sumamente revelador: "Muchos artistas no se dan cuenta de que están ganando el 80 % de lo que trabaja su manager." Y, en ciertas circunstancias, me inclino a pensar que eso es muy cierto.

Por lo tanto, la respuesta cuánto debería ganar un manager de artistas" es relativa y compleja. Va más allá de porcentajes y cifras: abarca un mundo de

responsabilidades, riesgos y, sobre todo, de apuestas por el talento que, si se
gestionan adecuadamente, pueden dar frutos para todos los implicados.

Uno de los aspectos menos discutidos, pero absolutamente cruciales en
la relación entre un artista y su manager, es la inversión que muchas veces
este último tiene que hacer en el primero ()especialmente si es un talento
emergente. Esto no se trata solo de tiempo y estrategia; estamos hablando de
inversiones financieras tangibles. Desde la producción de demos, sesiones de
fotos, relaciones públicas, hasta quizás financiar una primera gira. Un manager
comprometido puede gastar una considerable suma de dinero, y muchísimas
horas de esfuerzo y energía en la construcción de la carrera de un artista.

Esto es un riesgo, y un gran acto de fe. No todos los artistas en los que un
manager invierte tiempo y recursos llegarán a ser nombres reconocibles en las
marquesinas. Es un juego de ensayo y error, y esos "errores" también tienen un
coste. Este es el coste de oportunidad del que hablamos, pero también el coste
financiero real que se suma al balance general de la actividad del manager.

Entonces, cuando un artista emergente finalmente hace su gran aparición y llega
a la "tierra prometida" de la fama y el éxito financiero, es fundamental recordar
quién lo ayudó a allanar ese camino. Desafortunadamente, la industria está
plagada de historias de artistas que, una vez que llegan a la cima, abandonan a
los managers que estuvieron con ellos desde el principio. Ya sea para aceptar
ofertas de otros managers más grandes, más simpáticos", más "bla bla bla" o
bien para intentar manejar su propio negocio, este tipo de movimientos plantea
serias cuestiones sobre la lealtad y la gratitud.

Por supuesto, hay situaciones en las que la separación puede ser mutua y
justificada debido a diferencias creativas o profesionales que son insuperables.
Pero en el gran esquema de las cosas, como diría el viejo adagio: "Es de bien
nacido ser agradecido." Y esto es algo que debería aplicarse tanto a artistas
como a managers.

El concepto de gratitud y lealtad en esta industria no es solo romántico, sino
también práctico. Un artista y un manager que se mantienen juntos en los
altibajos no solo tienen la ventaja de un entendimiento y una química que solo
puede venir con el tiempo, sino que también se enfrentan a un mundo incierto
con una base mucho más sólida. No olvidemos que el éxito en la música, como
en cualquier otro negocio, no es solo el resultado del talento o la estrategia, sino
también de las relaciones humanas construidas en el camino. Y eso, en última
instancia, puede ser más valioso que cualquier porcentaje o cifra en un contrato.

SIETE ACORDES PARA TOCAR LA MELODÍA DEL ÉXITO. CONSEJOS PARA ASPIRANTES A MANAGERS DE ARTISTAS.

CAPÍTULO 07

1. Si no amas la música sobre todas las cosas, sal corriendo

En el universo de la gestión de artistas como manager, el primer y más vital acorde para tocar la melodía del éxito es sencillo: debes amar la música con cada fibra de tu ser. No se trata de una sugerencia, sino de un requisito no negociable. La música debe ser tu primer amor, tu constante obsesión, y la fuerza que impulsa cada decisión que tomas en este negocio.

Si la música no te conmueve hasta el núcleo, si no sientes un latido más rápido cuando descubres un nuevo talento o escuchas un acorde que te despierta el alma, entonces estás en la industria equivocada. Este no es un trabajo de lunes a viernes de 40 horas semanales, es una vida que eliges, una vida que impregnará cada momento de tu tiempo, tu energía, y en muchos casos, tu bienestar emocional.

No te confundas pensando que podrás mantener un equilibrio perfecto entre tu vida laboral y personal. Esta es una carrera que a menudo requiere sacrificios personales, desde tiempo perdido con seres queridos hasta horas de sueño que nunca recuperarás. Pero si verdaderamente amas la música, cada sacrificio tendrá su recompensa, cada momento perdido será una inversión en algo más grande: una vida dedicada a la música. Si este nivel de compromiso te resulta intimidante, entonces, como el título sugiere, sal corriendo. La industria necesita personas que vivan y respiren cada nota, cada letra, cada acorde. Solo entonces podrás tocar la melodía del éxito.

2. No pienses que estarás viajando y haciendo turismo todo el tiempo

El segundo acorde para el éxito en el mundo del management de artistas tiene que ver con una realidad que muchos ignoran o idealizan: no estarás haciendo turismo todo el tiempo. Muchos entran en esta industria atraídos por la imagen de un estilo de vida glamuroso, de viajes continuos y conciertos en primera fila. Sin embargo, la verdad es mucho menos reluciente y mucho más ardua.

Estos viajes no son vacaciones. Son traslados de trabajo que implican un sinfín de detalles logísticos, desde coordinar la llegada y salida de equipos y artistas hasta la gestión de imprevistos.

Estarás en una ciudad diferente cada noche, sí, pero gran parte de tu tiempo lo pasarás en aeropuertos, salas de espera, hoteles y recintos de conciertos. Las visitas turísticas serán raras y, muy a menudo, te encontrarás explorando la vida nocturna de una ciudad a través de su sala de conciertos más próxima.

El tiempo libre será un lujo. Incluso en esos raros momentos en los que puedes respirar, tu mente seguirá enfocada en las responsabilidades, en las próximas fechas de la gira, en los compromisos promocionales, en los problemas que puedan surgir. No hay verdadero tiempo libre cuando eres responsable de la carrera de otra persona, especialmente cuando esa carrera está en constante movimiento.

Por lo tanto, si tu motivación para entrar en este campo es la idea de un eterno tour vacacional, reconsidera tu posición. El mundo del management de artistas requiere de un compromiso y una ética de trabajo que va mucho más allá de los placeres superficiales de "ver el mundo. Debes estar dispuesto a apreciar la belleza en los detalles más minuciosos de tu trabajo, incuso cuando esos detalles te mantengan lejos de las atracciones turísticas. Por supuesto, habrá experiencias que gracias a esta profesión se pueden disfrutar y en muchos momentos, muchísimos diría yo, te das cuenta de que tienes el privilegio de poder conocer mundo, culturas diversas, gastronomía, arte y a excelentes personas. En mis muchos años de profesión he acumulado un numero importante de grandes amigos que, tras el paso de los años, sigo manteniendo. No importa la distancia si una amistad es de verdad.

3. Trabajarás 24 horas, 7 días a la semana, y aún así te faltará tiempo

Aunque puede sonar exagerado, esta afirmación es más cierta de lo que muchos quisieran admitir. La industria del entretenimiento no duerme y, como , de artistas, tampoco podrás hacerlo en el sentido tradicional del término. Hay una razón por la que este campo de trabajo es apasionante, pero también implacable.

El teléfono puede sonar en cualquier momento: una crisis de relaciones públicas, una oportunidad de última hora para una actuación televisiva, una cancelación de un evento que requiere una reorganización inmediata de planes. Las diferencias horarias internacionales también pueden jugar en tu contra, especialmente si manejas artistas que tienen carreras globales. ¿Qué haces si tu artista tiene un concierto en Tokio y tienes que coordinar detalles mientras es medianoche en tu país? Simplemente te adaptas: no hay otra opción.

La gestión del tiempo se convierte en una habilidad más valiosa que el oro. Aprenderás a ser multitarea, a priorizar como nunca y a tomar decisiones en el acto, todo mientras mantienes un ojo en el bienestar de tu artista y otro en el panorama más amplio de su carrera.

Y a pesar de esta entrega de tiempo y energía, tendrás la sensación constante de que las horas del día no son suficientes para todo lo que tienes que hacer. La noción de "tiempo libre" se convierte en algo relativo; tu vida personal deberá ajustarse de formas que quizás nunca imaginaste.

No obstante, si te apasiona lo que haces, este ritmo frenético será más un combustible que un agotamiento. Pero si no estás dispuesto a vivir en un estado constante de "siempre encendido", quizás deberías reconsiderar tu incursión en este campo. La intensidad del trabajo es alta, pero la recompensa de ver a un artista florecer gracias a tu dedicación no tiene precio.

4. Solo un 10 % de tus clientes serán serios; el resto te hará sudar

Este aspecto del negocio podría calificarse como una montaña rusa emocional y profesional. Aquí, la ley de Pareto toma un giro más extremo. Un pequeño porcentaje de tus clientes, tal vez incluso tan bajo como el 10 %, representará la mayoría de tu éxito y satisfacción en el trabajo. Estos son los individuos que entienden el valor de una colaboración sólida y mutuamente beneficiosa.

Por otro lado, lidiarás con una amplia variedad de personalidades que pueden ir desde simplemente poco fiables hasta peligrosamente impredecibles. En este ambiente, la diligencia y la intuición son vitales. Necesitas saber cuándo un cliente o colaborador simplemente está pasando por un mal día y cuándo estás frente a una situación que podría descarrilar todo el proyecto, o peor aún, poner en riesgo tu bienestar o el del artista.

Y sí, aunque resulte desagradable mencionarlo, es posible que te encuentres con situaciones que traspasan los límites de la ética y la legalidad. Desde estafadores hasta individuos que podrían recurrir a agresiones físicas si no obtienen lo que quieren. Esas son experiencias que, aunque no se tratan en este libro, han dejado una huella indeleble en mi trayectoria y me han armado con una especie de sexto sentido para detectar problemas antes de que se conviertan en crisis.

Es por ello por lo que una red sólida y relaciones bien fundamentadas son cruciales. Los contactos de confianza no solo son un salvavidas en los momentos difíciles, sino que también pueden ayudarte a filtrar a los clientes potenciales y prevenirte contra aquellos que podrían causarte más problemas que beneficios. En este mundo, tu instinto y tu red de contactos son tan importantes como cualquier contrato firmado.

5. Rodéate de un equipo dispuesto a implicarse de verdad

En este negocio, el dicho "Divide y vencerás" cobra un significado especial. No puedes cargar con todo el peso tú solo, por lo que necesitas un equipo que no solo siga el ritmo, sino que también comparta la carga y la responsabilidad. En mi experiencia, la compensación económica y en especie, es decir, en algo que no solo sea dinero como pueden ser experiencias, se han convertido en herramientas cruciales para mantener al equipo motivado y alineado con los objetivos.

Ahora bien, ¿por qué es tan crucial tener un equipo altamente comprometido? La respuesta es simple: porque en este sector, cada detalle importa y el tiempo es oro. No puedes permitirte caer en una espiral de tareas sin fin: necesitas delegar y confiar en las habilidades de los que te rodean. A cambio, como líder, es tu responsabilidad asegurarte de que la implicación de tu equipo se traduce en una compensación justa y significativa. Si bien es cierto que el riesgo final es tuyo, el éxito y la rentabilidad deben ser compartidos.

Otro aspecto que no debes pasar por alto es la importancia de escuchar a los profesionales de tu equipo. No solo aprenderás de sus experiencias y perspectivas, sino que también tendrás un plan de acción más robusto y eficiente. De hecho, considero que el diálogo abierto y el feedback constante no son solo útiles, sino imprescindibles. En una industria que evoluciona a una velocidad vertiginosa, el conocimiento colectivo es una de las armas más poderosas que puedes tener. Por lo tanto, escuchar y aplicar las opiniones de tu equipo no es solo una buena práctica; es una necesidad.

6. Al artista solo le va a interesar el resultado de tu trabajo

La relación con un artista empieza casi siempre como un idilio lleno de promesas. Este periodo es más complicado si estás lidiando con una banda, donde las personalidades y opiniones pueden multiplicar los retos. Pero la luna de miel no dura para siempre. Pronto te enfrentarás a la realidad: el artista está aquí principalmente por él mismo.

La complejidad aumenta cuando se trata de una banda; las voces y agendas múltiples suman capas adicionales de desafío. La jerarquía es clara: primero el artista, después su círculo más cercano, y finalmente tú, el manager. En buenos tiempos, podrías considerarte un amigo. En tiempos difíciles, eres el último en la fila y el primero en recibir críticas.

Elige cuidadosamente a quién representas. Más allá del talento, fíjate en sus valores y ética. Trabajar con alguien que carece de estos puede convertirse en un infierno diario. Pero no termina ahí; busca un artista que también tenga una sólida formación intelectual y cultural. Estos elementos enriquecerán no solo su arte sino también tu relación profesional con él. Asegúrate de que es una buena persona con la cual trabajar, ya que una relación tóxica puede agotar tu energía y recursos.

Aunque hay un componente romántico en nuestra industria gracias al amor por la música, no olvides que esto es un negocio. El artista quiere resultados, y tú debes proporcionárselos para validar tu rol. No basta con ser apasionado o tener buenas intenciones: necesitas entregar. Establece metas claras, métricas y tiempos desde el inicio. La comunicación debe ser abierta, pero siempre profesional.

Al final del día, tu misión es conseguir un retorno sólido para la inversión en tiempo y recursos, tanto para el artista como para ti mismo. Este negocio te demandará emocional y profesionalmente: prepárate para ello. En resumen, mantén los pies en la tierra y las expectativas bien definidas. Estás aquí para hacer realidad los sueños del artista, pero no a costa de tu bienestar y profesionalismo. El equilibrio es crucial en esta relación asimétrica. Se trata de un compromiso serio que va más allá de la música: es un negocio exigente que no tiene espacio para la complacencia.

7. En esta profesión hay "amigos" y hay "tiburones"; aprende a identificarlos

En la intrincada jungla de la industria musical, cada paso que das está lleno de oportunidades, pero también de peligros ocultos. Aquí, la amistad y los negocios a menudo se entrelazan de formas complejas, creando una red de relaciones que podrían elevar tu carrera o hundirla. En este ambiente, distinguir entre "amigos" y "tiburones" no es solo una habilidad; es una necesidad para sobrevivir.

Los amigos en esta industria son esos individuos que genuinamente quieren verte tener éxito. No solo te apoyarán en tus triunfos, sino que estarán allí para ayudarte a aprender de tus fracasos. Estas son las personas que compartirán su experiencia y sabiduría contigo, que te presentarán oportunidades sin esperar algo a cambio y que te animarán a continuar en los momentos difíciles. Aprecia a estos individuos y fomenta estas relaciones, porque en los momentos críticos, son estas alianzas las que pueden hacer la diferencia.

Pero también están los "tiburones", individuos que se disfrazan de amigos o aliados con el único propósito de aprovecharse de ti. Estos son los negociadores astutos, los manipuladores emocionales, y aquellos que siempre están buscando la próxima oportunidad para enriquecerse a tu costa. A menudo son encantadores y persuasivos, lo que los hace aún más peligrosos. Están siempre al acecho, esperando el momento perfecto para atacar: una firma apresurada en un contrato, un acuerdo verbal sin testigos, o un compromiso que, de manera ingenua, aceptas sin conocer todas las implicaciones.

Aprender a identificar a estos "tiburones" requiere un alto nivel de conciencia y agudeza emocional. Desarrolla tu instinto, apóyate en tu red de confianza y no dudes en hacer tu tarea: investiga, pregunta y siempre, siempre, lee la letra pequeña. La cautela no es paranoia; es una herramienta de supervivencia en este ámbito.
Con el tiempo, desarrollarás un radar afinado para estas dinámicas. Pero incluso

entonces, no bajes la guardia. La industria está en constante evolución, y con ella, los métodos que utilizan los "tiburones" para lograr sus objetivos. Mantente alerta, pero también flexible, para adaptarte a las nuevas tácticas y desafíos que seguramente enfrentarás en este volátil mar de relaciones.

En suma, este camino está lleno tanto de "amigos" leales como de "tiburones" voraces. Tu habilidad para discernir entre ellos no solo determinará tu supervivencia en este complicado ecosistema, sino también la calidad y la sustentabilidad de tu carrera en la gestión de artistas. Trata este arte de la identificación con el respeto y la seriedad que merece, porque en la endémica ambigüedad de la industria del entretenimiento, saber con quién estás nadando puede ser un asunto de vida o muerte.

CONCLUSIÓN: LA SINFONÍA INCONCLUSA: AFINANDO LAS CUERDAS DEL DESTINO EN LA DIRECCIÓN ARTÍSTICA.

Al final del día, la gestión de artistas no es meramente una ocupación: es una vocación, un arte en sí mismo, una sinfonía inconclusa que nunca deja de evolucionar. Es una danza delicada entre la creatividad y el pragmatismo, entre los sueños y la dura realidad, entre la luz del estrellato y las sombras de la incertidumbre.

Como un compositor que se enfrenta a una partitura en blanco, cada decisión que tomas, cada relación que cultivas, y cada riesgo que asumes añade una nota a la melodía de tu carrera. No todas las notas serán dulces; habrá disonancias, momentos de cacofonía que harán que te cuestiones tu camino. Pero recuerda, incluso en la más compleja de las composiciones, son esas notas inesperadas las que aportan profundidad y emoción a la obra completa.

Tú eres el director de tu propia orquesta, una mezcla ecléctica de talentos, personalidades y oportunidades. Tu batuta puede invocar armonías maravillosas o disolverse en un caos desafinado. Pero incluso cuando enfrentes desafíos inesperados, recuerda que cada gran sinfonía tiene sus movimientos turbulentos, sus compases de tensión antes de la resolución final.

Aprende a valorar las pausas tanto como las notas, los silencios tanto como los crescendos. En esos espacios encontrarás tiempo para reflexionar, para afinar tu estrategia y, quizás lo más importante, para escuchar a tus artistas, a tu equipo, y a tu propio corazón.

Esta industria no es para los débiles de espíritu. Es un escenario donde se entrelazan la ambición y la vulnerabilidad, donde el telón se levanta tanto para el drama como para la comedia. Pero, al igual que en cualquier gran obra de arte, es la pasión lo que infunde vida en cada escena, en cada acto, en cada personaje de este teatro del alma.

Entonces, querido lector y futuro maestro de orquestas humanas, al cerrar esta sección, te invito a seguir afinando tus cuerdas, a enfrentar cada nota, cada acorde, con valentía y corazón. Porque en esta sinfonía inconclusa que llamamos vida, cada nota cuenta, cada melodía tiene su lugar, y el director — querido amigo—, ese director eres tú.

NOTAS DEL LECTOR ✎

ES DE BIEN NACIDO EL SER AGRADECIDO.

CAPÍTULO 08

EL TRIÁNGULO SAGRADO DE LAS RELACIONES: CORTESÍA, GRATITUD Y UNA SONRISA.

En el amplio lienzo de la existencia humana, hay hilos que, aunque sutiles, son de suma importancia. Se entrelazan con otros, creando patrones de interacción y empatía que definen nuestras vidas. En mi viaje profesional y personal, una odisea que me ha llevado a cruzar fronteras geográficas y emocionales, he descubierto que hay tres acciones esenciales que actúan como hilos dorados en este amplio tapiz: ser educado y respetuoso, demostrar gratitud y ofrecer una sonrisa sincera.

La cortesía es el primer hilo, delicado pero firme. Cuando extendemos un gesto respetuoso estamos tendiendo un puente hacia el alma del otro. Se trata de un reconocimiento de la dignidad inherente a cada ser humano, un homenaje silente a su individualidad. En la arena de los negocios y en el teatro de la vida, he hallado que la cortesía es el prefacio de cualquier gran historia entre personas. Es como el primer acto de una obra donde los personajes se presentan en su más pura esencia, donde la cortesía se convierte en un faro de posibilidad que invita a seguir explorando.

La gratitud es el segundo hilo, con tonalidades más brillantes y luminosas. En cada interacción, en cada colaboración, hay un esfuerzo mutuo que merece ser celebrado. La gratitud es un coro celestial que resuena en las cámaras del corazón, fortaleciendo el entramado de nuestras relaciones. Es el eje sobre el que giran las ruedas del respeto y la admiración mutua, la moneda de cambio más auténtica en cualquier transacción humana.

Y entonces llegamos al tercer hilo, quizás el más sutil pero el más poderoso: la sonrisa. Una sonrisa es como un rayo de sol que atraviesa un cielo nublado, un faro en la noche que guía a los barcos perdidos hacia un puerto seguro. Es una lengua universal que trasciende las fronteras, una melodía silente pero resonante que canta la canción del alma. En mis travesías por salas de juntas y escenarios, bares y estadios, he comprobado que una sonrisa sincera es la clave para desbloquear la empatía, para construir ese puente indestructible que une corazones y mentes.

Aplico estas tres acciones con la suavidad del pincel de un artista, coloreando cada relación con los tonos de la cortesía, la gratitud y la sonrisa. Porque he aprendido que ser auténtico es el mejor regalo que uno puede ofrecer al mundo. Este triángulo sagrado es el mapa que me guía en el complejo laberinto de las relaciones humanas. Es mi filosofía, mi práctica diaria, y la semilla que siembro en los fértiles suelos de la camaradería y el respeto.

Querido lector: estos hilos dorados pueden tejerse en la tela de tu propia vida. Pueden convertirse en el estandarte de tu personalidad, en la firma que dejas en cada alma que encuentras. En un mundo donde la incertidumbre a menudo nubla nuestro camino, estas acciones son faros luminosos que nos guían hacia costas más cálidas, hacia horizontes donde todos somos viajeros en este intrincado pero hermoso diseño llamado vida.

Y así, armados con estos principios atemporales, marchamos juntos hacia un futuro incierto pero lleno de posibilidades. Agradezco que me acompañes en esta travesía y te invito a incorporar estos elementos sagrados en tu propia vida, como yo hago cada día. En esta danza eterna de la existencia, cada paso, cada gesto, cada palabra, teje el futuro que estamos destinados a compartir.

NOTAS DEL LECTOR ↘

1. Presentación del autor y su trayectoria

Bajo el cálido sol de Andalucía, un martes día 17 de septiembre de 1974, nací en la emblemática ciudad de Granada. No solo es esta una de las ciudades más bellas del mundo, sino que tiene una amplia influencia histórica árabe y cristiana y, además, es cuna de grandes figuras culturales como Federico García Lorca, Carlos Cano, Miguel Ríos o Manuel de Falla. Su rica tradición y sus ecos históricos han sido el telón de fondo de mi historia personal.

Desde mis primeros pasos, la música se convirtió en la pasión que dictaba el ritmo de mi corazón. Recuerdo cuando, mi abuelo, se sentaba en una silla en el salón de su casa, ponía un vinilo a sonar con las melodías que interpretaban Paco Toronjo, Rafael Farina, Rocío Jurado o Juanito Valderrama (cantaores de flamenco) y yo, sin comprenderlo aún, observaba como él lloraba. Es algo que, a día de hoy, conservo en mi retina y en mi alma y comprendo perfectamente. Fue mi primer contacto con el FLAMENCO y claro, esa música te llega tan adentro que remueve los sentimientos de cualquier persona que se detenga a apreciar tal maravilla. Mi abuelo, Manuel Villegas Segura, fue un hombre importante para mí en muchos ámbitos, sí, como la mayoría de los abuelos, pero hizo posible mi primer contacto con el Flamenco y el Arte Taurino, aunque con este último tenga ahora una relación un tanto encontrada.

Desde los primeros ecos de mi infancia, la música siempre ha sido la banda sonora que ambientaba nuestro hogar en Guadix, un rincón maravilloso de la provincia de Granada, donde viví mis primeros siete años. Mi abuelo materno, a quien no llegué a conocer, Antonio García Cobo, era delegado de Philips en la región y vendía tocadiscos (y también discos) que resonaban con melodías eternas. En aquel entonces las únicas formas de escuchar música según me han contado eran, bien encendiendo la radio o bien con el tocadiscos de casa de algún familiar o de algún amigo. Eso ya indicaba que antes de que mi ADN ni siquiera fuera pensado, ya se estaba tejiendo mi sentido musical. Aún puedo recordar a mi madre, con su radio encendida gran parte del día siendo niño, dejándose llevar por las voces inconfundibles de Isabel Pantoja, Julio Iglesias, Juan Pardo y Raphael, entre otros. Eran tiempos donde la música era el puente entre generaciones, y las canciones creaban historias en la memoria.

Mis recuerdos más vibrantes me llevan a esos días en que mis padres, ya viviendo en Granada capital, a partir de mis siete años, nos sumergían a mi hermano y a mí en el apasionado mundo del flamenco, llevándonos a tablaos donde las sevillanas (música regional andaluza) en directo cobraban vida ante nuestros ojos. Y cómo no recordar a mi hermano Jorge, quien, siendo aún un niño con su voz dulce, se unía con entusiasmo al canto en directo en diferentes tablaos de Granada, a veces acompañando al grupo Retama donde su voz infantil destacaba notablemente entre la de cuatro adultos creando una melodía única. Aquellas eran noches llenas de arte y pasión, donde la música y el baile flamenco eran el lenguaje universal que nos unía y daba sentido a cada momento vivido.

Afortunadamente, gracias a mis padres Isabel y Manuel, quienes un día aparecieron en casa con un órgano que habían recibido como trueque de una transacción comercial, yo hacía poco a poco, lo mismo que muchos niños habrían hecho mientras jugaban con el aparato: con la mano derecha, lograba tocaba melodías eso si después de varios ensayos y errores. ¡¡La pasión de padres los animaba a ver a su hijo como un pianista en potencia!! ¡¡Nada que ver!! Pero esto, claramente ha determinado para siempre a partir de ese momento mi futuro.

Me tengo que detener a plasmar en esta autobiografía que los primeros y más influyentes trazos artísticos en mi vida fueron pintados por mis padres, dos auténticos artistas que me enseñaron el verdadero significado de la palabra 'arte'. Mi padre, Manuel Villegas, fue un prodigio en el arte de la vida. Sus múltiples facetas como camarero, torero, comerciante, exitoso empresario, y hasta piloto de avión, dibujan el retrato de un hombre que encarna la versatilidad y la pasión, cualidades innatas de un verdadero "artista". Si el mundo fuese un escenario, mi padre lo habría llenado con su presencia colosal y su espíritu incansable. Por otro lado, mi madre Isabel García, o 'Isabella' como me gusta llamarla en mis momentos más íntimos —además es su nombre artístico—, es la encarnación misma del arte en su estado más puro. Antes de ser pintora, ella fue la artista que pintó mi mundo con pinceladas de amor incondicional y ternura, formando así el lienzo en el que más tarde podría plasmar mis propias obras. Cuando finalmente empuñó el pincel para crear sus propios cuadros, reveló un legado artístico de magnífica importancia que a mí me toca perpetuar. En cada brochazo que da sobre la tela, puedo sentir los mismos trazos de amor con los que ella pintó los días de mi infancia. Es gracias a ellos, a estos dos artistas extraordinarios, que he aprendido que el arte no se limita a una manifestación; el arte es, en esencia, la vida misma.

Mi hermano Jorge Villegas no solo es un pilar fundamental en mi vida, sino que también es un verdadero polímata artístico. Su talento abarca desde la pintura hasta la construcción de piezas mecánicas, sin olvidar su maestría con el cajón flamenco y su habilidad como DJ Jorge es una prueba viviente de que el don artístico es una rica herencia familiar que ambos portamos con gran orgullo y amor.

La afición de mis padres por introducirme en el mundo de la música tal vez no difiera mucho de la de otros padres que quieren ofrecer distintas ventanas de exploración a sus hijos. Sin embargo, el verdadero punto de inflexión llegó cuando, tras ese primer órgano, decidieron invertir en mi primer piano: un Kawai que costó 500.000 pesetas del año 1982, lo que equivaldría hoy a unos 3.000 €, sin embargo, ajustando al valor real actual, podría rondar los 15.000 €. Fue este acto de fe en mis capacidades lo que realmente abrió mi camino en la música, y no pasó mucho tiempo antes de que empezara a estudiar bajo la tutela de mi querida, respetada y admirada profesora y vecina, doña Elena Peinado Muñoz.

Elena no ha sido simplemente una maestra: ha sido un pilar, una guía y una inspiración constante en mi vida. Cada nota que tocaba, cada melodía que aprendía llevaba impreso el sello de su enseñanza. Hoy en día es un inmenso placer y privilegio poder saludarla en mis visitas a Granada y siempre recuerdo con cariño esas primeras lecciones. De hecho, la influencia de Elena en el mundo musical de nuestra ciudad es tan profunda que, en mi opinión, Granada debería honrarla con un reconocimiento especial. Su dedicación y amor por enseñar música han tocado no solo mi vida, sino las de varias generaciones, y en muchos casos, a múltiples miembros de una misma familia. Aunque llegué a la música tocando melodías simples en aquel órgano, como cualquier otro niño, gracias a la guía y apoyo de Elena transformé ese juego en una pasión que ha definido indudablemente mi vida.

La inmersión en la música de Granada me permitió colaborar y ser parte esencial de grupos y artistas locales tan variados y talentosos como Arkanos, María Porcel, La Hoyanca, Dakoki, Añil y Dando el Cante. Cada ensayo, cada concierto, cada nota que tocábamos, no solo afianzaba mis habilidades como pianista, sino que también tejía una red de conexiones humanas y profesionales que enriquecían mi ser.

No es exagerado afirmar que esos años fueron decisivos en mi formación, no solo musical, sino también personal. La experiencia de la música en directo, del palpitar de un público entregado, de la adrenalina previa a subir al escenario y del abrazo colectivo al final de cada actuación, me otorgó un entendimiento profundo de lo que un artista realmente necesita al estar frente a su audiencia. Y no solo eso, sino que también me regaló la oportunidad de forjar amistades profundas y duraderas, con personas que, más que colegas, se convirtieron en hermanos del alma.

Hoy en día, aquellos momentos, esas risas compartidas, esos acordes improvisados y esos aplausos resonando no solo habitan en mi memoria, sino que han dejado una marca indeleble en mi ADN. Han definido quién soy: un apasionado de la música, un profesional comprometido, un amigo leal y un alma que vibra con cada nota que toca. Y es que la música, más que una carrera, ha sido el hilo conductor de las experiencias más significativas de mi vida.

Paralelamente a este vertiginoso y apasionante viaje musical, mi vida académica y profesional tomaba un rumbo igualmente enriquecedor. Entre partituras y ensayos, me sumergía en el mundo de la administración de empresas, el marketing y la contabilidad, adquiriendo herramientas y conocimientos que más tarde serían fundamentales en mi trayectoria. El inglés, lengua que me abrió puertas internacionalmente, se convirtió en una constante en mis estudios, facilitando la comunicación en un sector donde las fronteras son difusas y la universalidad del arte es evidente. Si bien los días de semana estaban cargados de estudios y música, los fines de semana y las vacaciones eran una inmersión total en el negocio familiar. Allí, más allá de los conocimientos teóricos, aprendí de primera mano sobre el compromiso, la ética laboral, la gestión de relaciones y la importancia del trabajo en equipo. Aquella combinación entre el mundo académico, empresarial y artístico, sin duda, cimentó una base sólida que me preparó para los desafíos y oportunidades que vendrían en el futuro.

A los veinticuatro años, mientras equilibraba mis responsabilidades en el negocio familiar, surgió una chispa, una idea que se convertiría en un punto de inflexión en mi trayectoria: la creación de 'Flamenkito.Com'. Esta tienda online, pionera en su área, no solo ofrecía instrumentos como guitarras flamencas y cajones de percusión flamenca, sino que también se convirtió en un punto de referencia para aquellos que buscaban métodos de aprendizaje de cante, de guitarra y percusión. No era simplemente un escaparate virtual; era un espacio que vivía y respiraba el arte flamenco. Participamos en ferias comerciales de renombre, como la Feria Internacional del Flamenco en Sevilla, y fuimos más allá al desarrollar nuestra propia marca, los Cajones Flamenkito, que se convirtieron en una insignia de calidad y tradición.

Aunque me sumergí en un curso intensivo de diseño web para dar vida a este sueño, siempre bromeo diciendo que mis habilidades de diseño gráfico dejan mucho que desear. A pesar de ello, con esfuerzo, dedicación y muchas horas de trabajo, logré establecer 'Flamenkito.Com' como el portal web de referencia en el mundo del flamenco online internacionalmente. Aunque mis habilidades iniciales eran modestas, la repetición y la persistencia me llevaron a lograr ventas y a consolidar la marca. Y sí, lo que comenzó como un proyecto personal pronto se transformó en un esfuerzo colectivo. Belinda fue la primera en unirse al equipo, seguida de Paqui, Maribel, María José y Jessica: todas contribuyendo al crecimiento y éxito del negocio. Siempre diré con orgullo que nuestro lema, "Si el flamenco es tu pasión, Flamenkito.Com", no era solo una frase pegajosa, sino el reflejo de un compromiso real con la cultura y la tradición flamencas.

Un día, un cliente me planteó un deseo particular: necesitaba un Show Flamenco para amenizar un evento especial. En ese instante, las melodías y taconeos de mi tierra acudieron a mi mente, y sin vacilar, le comenté que tenía varios amigos que se movían en ese mundo mágico como artistas locales: guitarristas, cantaores y bailaores de pura cepa. En aquel primer encuentro, con la generosidad de quien comparte un tesoro, le pasé el contacto directo de uno de ellos. Sin embargo, la vida, con su curioso sentido del ritmo, hizo que una segunda e incluso una tercera solicitud llegara a mí, cada vez con más insistencia. Fue entonces cuando, en un destello de determinación, decidí cambiar la partitura. Miré al cliente a los ojos y, con una sonrisa confiada, le dije: "No busques más, el contacto soy yo". En ese preciso momento, sin siquiera darme cuenta, sembré la semilla de lo que se convertiría en mi pasión y principal actividad: TOTALISIMO, la contratación y promoción de artistas flamencos y de otras latitudes.

TOTALISIMO no es meramente el título de una empresa; es una lírica épica que narra la perseverancia compuesta a lo largo de un cuarto de siglo. Es más que un entramado de acuerdos y negociaciones: es la mágica alquimia entre los sueños anhelados y las realidades conquistadas que, con cada amanecer y cada ocaso, se ha transformado en una majestuosa sinfonía internacional de contratación de luminarias y prodigios del arte.

Nuestros compases han resonado en más de 80 rincones del mundo, entrelazando pasos y notas con titanes de la música. Sin embargo, detrás de este mágico telón se encuentra el auténtico corazón de TOTALISIMO. No podría concebir el éxito alcanzado sin el esfuerzo incansable y la dedicación de nuestro formidable equipo. Es indispensable mencionar y enviar un cálido reconocimiento a Marta, Victoria, Natalia, Lorena, Asmaa, Esteban, Irene, Ivanova, Kike, Marta Pi, Amanda, Higinio, Antonio y tantas almas brillantes que, a lo largo de los años, han infundido vida y pasión a cada proyecto. Juntos, hemos compuesto la melodía de un legado inolvidable.

Más allá de las exclusivas veladas privadas, la mayoría de nuestras producciones resuenan en el maravilloso universo de la música en vivo. Con eco en reconocidos teatros tanto nacionales como internacionales, festivales de renombre, conciertos tradicionales y eventos públicos de gran magnitud, hemos abierto las puertas para que miles de almas se reúnan en un coro de emociones a través de eventos de diferentes géneros.

Si bien la penumbra del telón esconde incontables recuerdos, anécdotas y conciertos, muchos de estos momentos son secretos celosamente guardados en el cofre de mi memoria. Son experiencias que, al ser tan íntimas y delicadas, han decidido anidar en la sacralidad de mi ser, alejadas de los focos y las crónicas. Porque, a fin de cuentas, también somos los guardianes de eventos exclusivos, donde el silencio dorado y la discreción son más valiosos que los aplausos. Son esas veladas privadas pra clientes que, en su anhelo por la exclusividad, invierten para que las estrellas brillen solo para ellos en su firmamento particular. En estos eventos la realidad supera a la ficción, y los teléfonos móviles, con sus cámaras ansiosas son dejados de lado, dejando que el arte en su forma más pura y sin filtros, sea el único protagonista.

Recorrer los paisajes de mi vida es como pasear por una galería en la que cada cuadro es una melodía, una voz, un alma que ha dejado su marca. Pastora Soler, con su luminosidad y magnetismo, no solo ha brillado en los escenarios, sino también en los recovecos de mi corazón. Es ella un artista en mayúsculas y un faro en mi vida.

Plácido Domingo, con su imponente presencia y extraordinaria voz, no solo me abrió las puertas al universo de la música clásica y lírica, sino que catapultó mi carrera hacia horizontes que jamás habría imaginado. Iniciarme en el ámbito lírico de la mano de un gigante como él, fue como empezar a escalar desde la cima de una montaña: un desafío y un privilegio. Él fue la chispa que encendió mi lanzamiento internacional como agente y productor de conciertos de altísimo calibre, manejando orquestas de hasta 65 músicos y producciones complejas, todo gracias a su agente —Petra Weiss— que es además mi amiga y quien me ha guiado con su disciplina alemana, experiencia y sabiduría. Guardo con claridad en mi mente los ecos de los aplausos de nuestras producciones en lugares tan dispares como Bakú, en Azerbaiyán; Caracas, en Venezuela; Lima, en Perú; Cartagena de Indias, en Colombia; Santa Cruz de la Sierra, en Bolivia; Asunción, en Paraguay; Altos de Chavón, en República Dominicana y, de manera indeleble, el Kremlin Palace en Moscú, Rusia en 2007, mi primera vez con Plácido. Ha habido otros muchos, pero estos son algunos de los más significativos en mi recuerdo.

Ese primer encuentro en Moscú, donde el equipo de Domingo —formado en su mayoría por extranjeros y siendo él el único hispanoparlante—, se convirtió en una auténtica prueba de fuego para mí. Tuve que afinar mi inglés, adecuarme a un ritmo y una exigencia que no permitían espacio para la improvisación. Cada nota, cada acorde debía ser perfecto. A lo largo de los años, he acumulado un caleidoscopio de anécdotas y recuerdoscon Plácido, a quien le debo mucho no solo en el terreno profesional, sino también en el personal. Porque es esencial entender que no hay una división entre el Manuel Villegas profesional y el Manuel Villegas persona: son una única entidad. Mi vida resuena al compás de la música, es la pasión que me define y que siempre arderá en mi corazón, y así será hasta que mi última nota resuene.

Virginia Tola, la soprano argentina, no es solo una melodía para mis oídos, sino un canto que vibra en mi alma. La familia Martí Caballé, con su linaje musical, se ha entrelazado con mi historia, donde la icónica Montserrat Caballé brilla como una estrella eterna y su hija Montserrat Martí Caballé y yo compartimos un vínculo tejido por notas y afecto. Las voces de tenores como Israel Lozano, Jordi Galán y el inimitable José Carreras, con quien compartí un concierto mítico en Argentina y aventuras en Bangkok, son ecos que aún resuenan en mi memoria.

Andrea Bocelli, con quien he compartido escenarios en lugares tan diversos como Azerbaiyán, Colombia, Argentina y Panamá, es un pilar en mi tapiz musical. Juan Magán, a quien introduje al mundo de los vuelos privados para poder hacer dos shows en un mismo día, se convierte en una sonrisa cada vez que nuestras miradas se cruzan. Artistas y talentos: Plácido Domingo, José Carreras, Joaquín Cortés, Steve Aoki, Raphael, Julio Iglesias, Enrique Iglesias, Eros Ramazzotti, Pablo López, Manuel Carrasco, Daddy Yankee, Maluma, Niña Pastori, Travis, Arancha Santiago, Toni Braxton, Diana Krall, María Toledo, Ana

Torroja, Rosa López, Rosario Flores, Kika Quesada, Marta Sánchez, Gipsy Kings, André Reyes, Diego el Cigala, Agustín Barajas, Rafael Amargo, Tatiana Garrido, Antonio Ferrara, Javier Martos, Mario Reyes, el inolvidable Enrique Morente, Estrella Morente, Pepe Habichuela, Kakou Reyes, Josemi Carmona, Willy Chirino, Fangoria y muchos otros, son las notas vibrantes que componen la melodía de mi existencia. Que por favor me disculpen todos los que no están mencionados: la lista sería interminable.

Cada artista, cada voz, ha dejado más que una huella; han sido notas en la partitura de mi vida, momentos que trascienden el tiempo y el espacio. Y aunque muchos de estos momentos son públicos, otros son como un susurro entre el viento y permanecen guardados en el santuario de mi alma. Es este caleidoscopio de recuerdos, melodías y pasiones lo que compone mi biografía, y con un corazón repleto de gratitud, escribo este epílogo, sabiendo que la música y las voces seguirán resonando siempre.

Mi camino en el mundo del arte y el entretenimiento es un testimonio de que, con pasión y dedicación, es posible VIVIR por "AMOR AL ARTE".

2. Importancia de vivir por el "AMOR AL ARTE" y cómo puede transformar personas.

TRANSFORMACIÓN DESDE LA PERSPECTIVA ARTÍSTICA Y CREATIVA.

La fuente de inspiración

El "AMOR AL ARTE" es una fuente inagotable de inspiración para los artistas y creadores. Esta pasión profunda y auténtica puede impulsar a la mente a explorar territorios inexplorados, desafiando límites y convenciones establecidas. Los artistas que viven por el amor al arte encuentran motivación en cada pincelada, nota musical o palabra escrita. La simple belleza de un amanecer o el ritmo constante de la vida cotidiana se convierten en musas que guían la creación. Esta fuente constante de inspiración no solo alimenta la creatividad, sino que también conecta a los artistas con un flujo creativo único y personal.

Autenticidad y expresión personal

El "AMOR AL ARTE" permite a los individuos expresar su autenticidad y singularidad a través de su trabajo. En un mundo donde las expectativas sociales y las tendencias comerciales pueden influir en las decisiones artísticas, aquellos que siguen su pasión por el arte encuentran la libertad de ser ellos mismos. Los artistas se sienten libres para explorar su voz única y contar sus historias personales a través de su arte. Esta autenticidad resuena con el público, ya que la audiencia puede percibir la honestidad y la pasión en cada obra. Como resultado, se crean conexiones emocionales profundas y duraderas entre el creador y el espectador.

El proceso como recompensa

Vivir por el "AMOR AL ARTE" permite a los artistas disfrutar del proceso creativo en sí mismo, independientemente de los resultados finales. La búsqueda constante de perfección da paso a la exploración y la experimentación sin miedo al fracaso. Los artistas se deleitan en cada etapa del proceso: desde la concepción inicial de la idea, pasando por los desafíos y las soluciones creativas, hasta la realización completa de la obra. Esta mentalidad centrada en el proceso fomenta un mayor disfrute y satisfacción en el trabajo artístico, ya que cada paso es una oportunidad para aprender y crecer.

TRANSFORMACIÓN EN EL ÁMBITO PROFESIONAL Y EMPRESARIAL

Innovación y diferenciación

El "AMOR AL ARTE" inspira la innovación en el sector del entretenimiento. Los profesionales que viven por esta pasión se atreven a desafiar las convenciones y a buscar nuevas formas de contar historias y entretener al público. Ejemplos icónicos, como la revolución de la animación por parte de Pixar, demuestran cómo una mentalidad centrada en el arte puede llevar a la creación de obras únicas que resuenen en todo el mundo. El enfoque en la creatividad y la originalidad no solo hace que los proyectos destaquen, sino que también redefine los límites de lo posible en el entretenimiento.

Pasión como motor de éxito

En el ámbito empresarial y de emprendimiento, el "AMOR AL ARTE" se convierte en un impulsor fundamental para el éxito. Aquellos que sienten una pasión profunda por su trabajo no solo están motivados personalmente, sino que también contagian a su equipo y colaboradores esa misma energía. La pasión es contagiosa y atrae a inversores, socios y colaboradores que comparten la visión y la emoción. Empresas como Disney han demostrado cómo la pasión por la creación de historias mágicas no solo emociona a los fans, sino que también impulsa el éxito financiero a largo plazo.

Resiliencia y perseverancia

El "AMOR AL ARTE" fortalece la resiliencia de los profesionales del entretenimiento frente a los desafíos. Aquellos que están conectados con su pasión están dispuestos a enfrentar dificultades y a superar obstáculos para seguir creando. La dedicación a la pasión actúa como un motor interno que les permite perseverar incluso en momentos de fracaso o crítica. Los artistas y emprendedores que viven por el "AMOR AL ARTE" no solo encuentran formas de adaptarse, sino que también encuentran inspiración en los desafíos para crear algo nuevo y valioso.

Impacto culturas y social

Las obras de arte y los proyectos creativos tienen el poder de tener un impacto profundo en la cultura y la sociedad. A lo largo de la historia, el arte ha sido un vehículo para transmitir mensajes, provocar debates y generar cambios sociales. El "AMOR AL ARTE" impulsa a los creadores a abordar temas importantes y a presentar perspectivas frescas y desafiantes. Desde películas que cuestionan las normas sociales hasta canciones que inspiran movimientos de cambio, el arte tiene el poder de influir en la percepción y las acciones de las personas en todo el mundo.

Conclusión

Vivir por el "AMOR AL ARTE" transforma a las personas de manera integral, impactando tanto en su perspectiva artística y creativa como en su trayectoria profesional y empresarial. Esta pasión inquebrantable por el arte no solo lleva a la creación de obras excepcionales, sino que también impulsa la innovación, el éxito y la resiliencia en el mundo del entretenimiento. Aquellos que siguen su pasión por el arte no solo transforman sus propias vidas, sino que también contribuyen a enriquecer la cultura y la sociedad en general.

NOTAS DEL LECTOR ↘

3. Magnitud y tipos de proyectos/eventos/experiencias.

Sumérgete en un viaje apasionante a través del mundo del entretenimiento en todas sus dimensiones. Desde los eventos masivos que hacen latir los corazones de decenas de miles de personas, hasta las experiencias íntimas diseñadas para un grupo selecto, el arte y la creatividad se fusionan con las estrategias de negocio para crear momentos inolvidables. Desde una perspectiva amplia, y con mi experiencia como profesional especializado en el campo, te intento guiar a través de los diversos aspectos y oportunidades que engloba cada categoría de eventos.

Más allá de la riqueza y diversidad de géneros musicales que abarcan desde el apasionante rock hasta la refinada música clásica, pasando por el contagioso reggaeton, el imprescindible flamenco, la emotiva salsa, el evocador jazz, y la nostálgica música celta, entre otros, mi enfoque en este libro se centra en brindarte una visión global del negocio del entretenimiento. Mi objetivo es proporcionarte un panorama holístico que trascienda los límites de los géneros, permitiéndote comprender las dinámicas y estrategias esenciales que operan en el apasionante mundo del entretenimiento.

A medida que recorremos las páginas de este libro, más concretamente en la sección en la que nos encontramos, te invito a descubrir los 10 puntos esenciales que iluminarán tu comprensión y te brindarán las claves para triunfar en esta emocionante industria. Exploraremos el amplio espectro de proyectos, desde los espectáculos de lujo que deleitan a los paladares más exigentes, hasta los eventos familiares que unen generaciones enteras en risas y alegría. A través de ejemplos inspiradores y análisis profundos, aprenderás cómo cada tipo de evento —ya sea un concierto masivo, una obra de teatro emocionante, un festival vibrante o una experiencia virtual inmersiva— tiene su propio enfoque y encanto únicos.

En las siguientes líneas te proporcionaré un enfoque profundo en cada una de estas categorías, ofreciendo opiniones prácticas, estrategias efectivas y experiencias enriquecedoras que te permitirán navegar con éxito en el emocionante mundo del entretenimiento. Juntos, exploraremos los desafíos y oportunidades que cada tipo de evento presenta, brindándote las herramientas necesarias para triunfar en el negocio del entretenimiento con pasión y visión. Recuerda que, si hablamos de arte, la creatividad es un denominador común durante todo el proceso. El arte es materia viva, única y las matemáticas no funcionan tanto como el corazón, la intuición y la pasión.

Así que mantén tus ojos y mente abiertos, porque los consejos, estrategias y perspectivas compartidas aquí no solo te permitirán disfrutar de la lectura, sino que podrán transformar tu atracción por el entretenimiento en una carrera gratificante y sostenible. Al encontrar tu enfoque y profundizar en los aspectos que resuenan contigo, podrías estar en el camino hacia una vida en la que "VIVIR por 'AMOR AL ARTE' sea mucho más que una expresión. ¡Puede ser la base de tu éxito profesional y tu fuente de satisfacción duradera!

1. Eventos masivos

Conciertos: Estas grandiosas actuaciones musicales son el corazón de la industria del entretenimiento, atrayendo multitudes con la música de artistas icónicos. Desde planificar la producción hasta la logística de tickets, un concierto exitoso requiere una planificación minuciosa.

Festivales: Los eventos de varios días que reúnen a una multitud diversa y ofrecen una gama de actuaciones y actividades requieren una estrategia integral que abarque programación, seguridad y comodidades para los asistentes.

Eventos deportivos: Organizar competiciones y partidos en estadios repletos de seguidores apasionados implica la coordinación de logística, seguridad y la creación de una experiencia inolvidable para los fanáticos.

En la travesía por el apasionante mundo del entretenimiento, resulta inevitable detenernos en la prominente categoría de eventos masivos. Estos son el alma pulsante de la industria, donde la música se convierte en un lazo emocional entre miles, incluso decenas de miles de personas, creando momentos que reverberan en la memoria colectiva durante mucho tiempo. A medida que nos adentramos en este capítulo lleno de luces brillantes y ritmos atronadores, es imprescindible reflexionar sobre cómo estos magníficos espectáculos musicales no solo estimulan nuestros sentidos, sino también las ruedas de la economía creativa.

Los conciertos, sin lugar a dudas, destacan como las joyas de la corona en el panorama de los eventos masivos. Es aquí donde los artistas icónicos se levantan sobre el escenario, acompañados por las olas de aplausos y vítores de sus apasionados seguidores. Pero, detrás del telón, la orquestación de un concierto exitoso requiere de una meticulosa planificación. Desde diseñar la producción para crear una experiencia multisensorial, hasta asegurarse de que la logística y seguridad estén en armonía, cada detalle es un pilar fundamental para el éxito. La ejecución precisa y la atención a cada elemento son esenciales para garantizar que la melodía y la magia no solo lleguen a los oídos, sino también a los corazones de aquellos que atesoran estas vivencias.

Los festivales, con su encanto único, toman el concepto de los eventos masivos y lo expanden en una experiencia de varios días que abarca un abanico de géneros y actividades. Aquí, la programación se convierte en una obra maestra de la diversidad musical, donde los gustos y preferencias de una multitud diversa encuentran su lugar. No obstante, detrás de este telón de música y algarabía, se encuentra la compleja coreografía de la estrategia. La creación de un festival exitoso requiere de una visión que abarque desde la elección de los artistas hasta la consideración de la seguridad y la comodidad de los asistentes. Una planificación estratégica integral es la llave que abre las puertas de una experiencia que amalgama música, cultura y entretenimiento en un crisol de emociones.

No podemos pasar por alto los eventos deportivos en esta discusión, pues también son un pilar fundamental en el escenario de los eventos masivos. Ya sea en un estadio de fútbol rugiendo con pasión o en una arena de baloncesto electrificada por la competición, estos encuentros unen a multitudes apasionadas en torno a su amor por el juego. Pero no te equivoques: la organización de eventos deportivos no es un paseo por el parque. Este tipo de eventos implica la sincronización de múltiples aspectos, desde la logística de entradas y salidas, la gestión de la seguridad y la creación de una atmósfera cautivadora, hasta la preparación para cualquier giro inesperado. En esta intersección de deporte y entretenimiento, los eventos deportivos no solo ofrecen emoción en el campo de juego, sino también una oportunidad para construir comunidades y generar un impacto económico considerable.

NO TE PREOCUPES POR FAVOR

Es sumamente relevante tener en mente que ningún camino hacia el éxito comienza con la conquista de los escenarios más grandes y glamurosos, como los que podría pisar una estrella internacional de la talla de Madonna. De hecho, es vital reconocer que, en la industria del entretenimiento, el viaje hacia el pináculo del éxito está conformado por un sinfín de etapas, y cada una de ellas presentan su propia serie de desafíos y oportunidades.

En esta travesía es fundamental comprender que, al igual que cualquier construcción sólida, el ascenso en el mundo del entretenimiento es gradual y progresivo. Se trata de recorrer caminos de tierra primero y de pavimento después, escalando paso a paso para lograr la capacidad y la estructura adecuadas que nos permitan alcanzar las cimas más altas. Desde organizar pequeños conciertos locales para una audiencia de cien personas hasta el desafío de eventos más numerosos, este es un trayecto que demanda paciencia, dedicación y, sobre todo, una pasión inquebrantable.

Es importante que comprendas y aceptes la naturaleza gradual de este proceso. Empezar desde abajo no solo es digno, sino también esencial para forjar una base sólida de experiencia y conocimiento. Cada pequeño concierto organizado en una comunidad, cada ocasión en la que te enfrentes a los desafíos logísticos y de producción, te brindará valiosas lecciones que construirán tu arsenal de habilidades y conocimientos.

La clave está en cultivar la perseverancia y mantener la visión a largo plazo. Cada paso que das, cada evento que produces, te acerca más a tus sueños más ambiciosos. De 200 asistentes a 500, de 500 a 1000, y así sucesivamente, estarás ganando experiencia y reputación en el proceso. Cada nuevo hito es un escalón que te lleva más cerca de ser capaz de manejar eventos de mayor envergadura.

Con el tiempo, con esfuerzo y con aprendizaje continuo, te encontrarás en una posición en la que serás capaz de atraer la atención de los artistas más renombrados y manejar eventos de mayor magnitud. En ese momento habrás transformado tus sueños en una realidad tangible y te convertirás en el profesional del entretenimiento que siempre imaginaste ser. Así que recuerda: el camino puede ser largo, pero cada paso importa y cada pequeño logro te acerca a la cima que anhelas alcanzar.

2. Eventos privados

Fiestas exclusivas: Planificar eventos privados para invitados selectos exige atención a los detalles más finos, desde la elección de la ubicación hasta la creación de ambientes lujosos y exclusivos.

Recepciones de lujo: Las celebraciones de alto nivel para marcas o individuos requieren un enfoque en la personalización y la creación de experiencias únicas que reflejen la identidad y los valores de los anfitriones.
En el emocionante mundo del entretenimiento, los eventos privados representan una dimensión de lujo, exclusividad y atención personalizada que va más allá de lo convencional. Estos eventos, como las fiestas exclusivas y las recepciones de lujo, se convierten en el lienzo perfecto para crear experiencias únicas e inolvidables. Son la manifestación de la creatividad en su máxima expresión,

donde cada detalle se convierte en una oportunidad para dejar una impresión duradera en los asistentes.

El arte de planificar y ejecutar eventos privados es una verdadera alquimia. Se trata de fusionar ideas, conceptos y deseos para crear un escenario en el que la magia se despliegue de manera única y personalizada. Desde el primer momento en que se concibe la idea hasta el instante en que se despiden los últimos invitados, cada momento es una oportunidad para sorprender y maravillar.

Las fiestas exclusivas, por ejemplo, son una ventana a la creatividad sin límites. La planificación meticulosa se convierte en la clave para superar expectativas y generar un ambiente que sea fiel reflejo de la personalidad de los anfitriones y las características del evento. La elección de la ubicación, la selección de elementos de diseño y la creación de un ambiente que cautive los sentidos se combinan para dar forma a una experiencia única que permanecerá en la memoria de los invitados mucho tiempo después de que las luces se apaguen.

Por otro lado, las recepciones de lujo son la encarnación del refinamiento y la elegancia. Estos eventos no son simplemente una celebración son una narrativa cuidadosamente tejida que celebra la esencia de las marcas o individuos homenajeados. Desde la paleta de colores hasta la selección del menú, cada aspecto se elige con precisión para transmitir un mensaje y crear una conexión emocional con los invitados. Aquí, la personalización es la regla de oro. Cada detalle se adapta para reflejar la identidad de la marca o la individualidad del homenajeado, y esto crea una experiencia auténtica que perdura en el tiempo.

Los eventos privados representan una joya en la corona del mundo del entretenimiento y los negocios. Dirigidos a un selecto sector con un poder adquisitivo elevado, estos eventos no solo son una oportunidad de sumergirse en un ambiente de lujo y exclusividad, sino también una puerta abierta a la creación de relaciones duraderas y lucrativas.

Una de las características más notables de los eventos privados es su potencial para la fidelización del cliente. Cuando un cliente confía en ti para planificar y ejecutar un evento que refleje sus gustos, valores y aspiraciones, estás creando una conexión que va más allá de lo transaccional. Esta conexión, cimentada en la confianza y la satisfacción, tiene el poder de convertir a un cliente en un apoyo constante y recurrente. No solo volverán a buscar tus servicios para futuros eventos, sino que también te recomendarán a sus contactos y círculos sociales, ampliando aún más tu base de clientes.

La fidelización en los eventos privados no solo se traduce en un flujo constante de ingresos, sino también en la construcción de una reputación sólida en la industria. Un cliente satisfecho se convierte en un embajador de tu trabajo, lo que a su vez puede atraer a otros clientes de alto poder adquisitivo. Esta dinámica puede transformar tu negocio en un referente en el mundo del entretenimiento de lujo, consolidando tu posición como un profesional confiable y creativo en la industria.

La especialización en la planificación y ejecución de eventos privados puede ser una estrategia sólida para algunas empresas. Al enfocarte exclusivamente en este nicho, tienes la oportunidad de perfeccionar tus habilidades, conocimientos y enfoques en relación con las necesidades específicas de este sector. Esto puede resultar en una diferenciación clara y una oferta única en el mercado. Los clientes que buscan experiencias personalizadas y excepcionales encontrarán en tu empresa la respuesta a sus deseos más intrincados.

Es esencial reconocer que los eventos privados son mucho más que simples celebraciones; son oportunidades estratégicas para establecer conexiones duraderas y crear recuerdos imborrables. Cada evento es una oportunidad para tejer una red de relaciones de alto valor y convertirla en una base sólida para el crecimiento de tu negocio. A medida que te aventuras en el mundo de los eventos privados y de lujo, te encontrarás no solo organizando eventos, sino también construyendo legados y narrativas que perdurarán en el tiempo.

Los eventos privados tienen el poder de transformar tu empresa en una máquina de sueños, donde las aspiraciones de tus clientes se convierten en realidades palpables. A medida que te conviertas en un socio confiable y un arquitecto de experiencias inolvidables, estarás cultivando relaciones que trascienden los eventos individuales. Con cada evento, te acercarás más a la cúspide de la industria del entretenimiento de lujo, donde la creatividad, la excelencia y la fidelización se unen para crear un negocio exitoso y gratificante.

En última instancia, los eventos privados se elevan a la categoría de obras maestras. Son una combinación de creatividad, estrategia y ejecución impecable que da vida a los deseos y visiones de quienes los organizan. Además de ser ocasiones inolvidables para los invitados, también son una afirmación poderosa del arte de fusionar la experiencia humana con el mundo del entretenimiento. Si bien requieren una inversión de tiempo, recursos y esfuerzo, los eventos privados tienen el potencial de ser un punto culminante en la industria del entretenimiento, enriqueciendo tanto a los organizadores como a los participantes con una experiencia que trasciende lo ordinario.

Por lo tanto, a medida que exploras este apasionante capítulo, te animo a apreciar la profundidad y el alcance de los eventos privados. Son una demostración de que, en el mundo del arte y la creatividad, no hay límites. Cada evento es una oportunidad de crear un mundo aparte, una experiencia única e irrepetible que se convierte en un testimonio de la capacidad de transformar sueños en realidades tangibles.

3. Eventos para niños y familias

Es absolutamente cierto que, en el mundo de los eventos para niños y familias, los padres están dispuestos a invertir tiempo, recursos y esfuerzo en crear momentos especiales para sus hijos. La satisfacción de ver a sus hijos felices y emocionados es una motivación poderosa que influye en sus decisiones financieras. Esta dedicación refleja una comprensión profunda de que la infancia es una etapa efímera en la vida de sus hijos y que las experiencias compartidas tienen un valor inmenso y duradero.

La inversión en eventos para niños y familias se convierte en una manifestación tangible del amor y cuidado que los padres tienen por sus hijos. Más allá de simples caprichos, los padres están dispuestos a explorar una amplia gama de opciones para proporcionar momentos mágicos y significativos. Desde asistir a los conciertos de sus artistas favoritos hasta participar en festivales temáticos o espectáculos educativos, los padres buscan maneras de nutrir la imaginación, la creatividad y la conexión emocional de sus hijos con el mundo.

Este enfoque también se alinea con la creciente importancia que las familias otorgan al tiempo de calidad compartido. En un mundo repleto de distracciones digitales y agendas ocupadas, los eventos diseñados para familias se presentan como una oportunidad invaluable para desconectar de las rutinas diarias y concentrarse en el placer mutuo de la compañía y la diversión. Los padres comprenden que estas experiencias no solo fomentan la alegría, sino que también construyen lazos familiares sólidos que perduran en el tiempo.

Desde la perspectiva del negocio del entretenimiento, reconocer la disposición de los padres a invertir en la felicidad de sus hijos es fundamental. Los organizadores y profesionales del entretenimiento pueden aprovechar esta realidad al diseñar experiencias que no solo sean atractivas para los niños, sino que también proporcionen un valor añadido para los padres. Ofrecer eventos que combinen entretenimiento de alta calidad con elementos educativos, interacción familiar y seguridad brinda a los padres la confianza de que su inversión se traducirá en momentos preciosos y memorables.

En última instancia, el compromiso de los padres por brindar experiencias inolvidables a sus hijos es una fuerza impulsora en la industria del entretenimiento para niños y familias. A medida que los organizadores continúan innovando y creando eventos que satisfagan estas expectativas, se fortalece no solo el negocio, sino también el impacto positivo en las vidas de las familias. Este enfoque en la creación de recuerdos y la promoción del vínculo familiar sienta las bases para un sector vibrante y gratificante en el mundo del entretenimiento.

He ordenado diferentes tipos de eventos de la siguiente manera:

Obras de teatro y musicales para niños: Además de las obras de teatro y espectáculos familiares, se pueden ofrecer obras de teatro y musicales especialmente diseñados para niños. Estas presentaciones adaptadas a su comprensión y gustos introducen a los pequeños en el mundo de las artes escénicas de una manera atractiva y educativa.

Conciertos para niños: Organizar conciertos diseñados específicamente para el público infantil brinda a los niños la oportunidad de experimentar la música en vivo de una manera accesible y emocionante. Estos eventos pueden presentar canciones interactivas y actividades que involucren a los niños en el rendimiento.

Espectáculos de circo: Los espectáculos de circo ofrecen una mezcla única de acrobacias, comedia y entretenimiento visual. La organización de eventos circenses para niños y familias brinda una experiencia cautivadora y llena de emociones, creando recuerdos que durarán toda la vida.

Espectáculos de magia e ilusionismo: La magia nunca pasa de moda, y los espectáculos de magia especialmente adaptados para niños y familias pueden llevar a los asistentes a un mundo de asombro y maravilla. Estos eventos no solo entretienen, sino que también fomentan el sentido de la curiosidad y el misterio.

Experiencias educativas en museos y centros culturales: Organizar visitas educativas a museos y centros culturales que sean atractivas para niños y familias es otra forma de ofrecer entretenimiento y aprendizaje. Las exhibiciones interactivas y las actividades prácticas pueden despertar el interés en la historia, la ciencia y el arte.

Eventos al aire libre y pícnics familiares: La creación de eventos al aire libre, como pícnics familiares, proporciona una experiencia relajada y agradable para padres e hijos. Actividades como juegos, actividades deportivas y música en vivo pueden convertir un día al aire libre en una celebración memorable.

Experiencias de aventura y naturaleza: Organizar eventos que involucren actividades al aire libre, como senderismo, exploración de la naturaleza o actividades en parques de aventuras, promueve la conexión con la naturaleza y la emoción de la aventura para niños y padres por igual.

Días temáticos y fiestas de disfraces: La planificación de días temáticos y fiestas de disfraces permite a las familias sumergirse en un mundo de fantasía y creatividad. Estos eventos pueden incluir concursos de disfraces, juegos temáticos y actividades relacionadas con el tema.

Talleres de ciencia y tecnología: Organizar talleres prácticos y educativos de ciencia y tecnología para niños y familias fomenta el aprendizaje a través de la experimentación. Desde la construcción de robots hasta la realización de experimentos, estos eventos despiertan la curiosidad científica.

Experiencias culturales y tradicionales: La organización de eventos que celebren y transmitan la cultura y las tradiciones locales puede enriquecer la comprensión de los niños sobre su herencia. Bailes folclóricos, demostraciones culinarias y actividades artesanales son formas de preservar la identidad cultural mientras se brinda entretenimiento a las familias.

Conclusiones

Los eventos diseñados para niños y familias tienen un impacto más allá del entretenimiento: son oportunidades para crear recuerdos duraderos y fortalecer los lazos familiares. La variedad de opciones disponibles en esta categoría refleja la diversidad de intereses y preferencias dentro de las familias modernas.
Al proporcionar experiencias que son educativas, emocionantes y colaborativas, los profesionales del entretenimiento tienen el poder de enriquecer la vida de las familias y contribuir positivamente al desarrollo de los niños.

La magia de estos eventos radica en su capacidad para reunir a padres e hijos en momentos compartidos de alegría, aprendizaje y diversión. Ya sea a través de obras de teatro, conciertos, circos, magia u otras actividades, los organizadores tienen la oportunidad de crear experiencias que impacten positivamente en la infancia de los niños y que a la vez ofrezcan a los padres la satisfacción de compartir esos momentos con sus seres queridos.

El modelo de negocio en eventos para niños y familias es sólido y sostenible. La fidelización de los clientes es posible, ya que las familias están siempre en busca de experiencias de calidad para compartir. Al mantener altos estándares de entretenimiento, seguridad y educación, los organizadores pueden cultivar una base de seguidores leales que regresen a sus eventos una y otra vez.

En resumen, los eventos para niños y familias no solo son un negocio prometedor, sino también una oportunidad de hacer una diferencia positiva en la vida de las personas. Al proporcionar momentos de felicidad, aprendizaje y conexión, los profesionales del entretenimiento tienen el privilegio de enriquecer la experiencia de la infancia y contribuir a la formación de recuerdos inolvidables.

4. Eventos corporativos

Los eventos corporativos son esenciales en el mundo empresarial, ya que no solo proporcionan un espacio para el intercambio de conocimientos y la creación de redes, sino que también contribuyen a la imagen de la marca, la motivación de los empleados y el crecimiento del negocio.

La planificación cuidadosa y la atención a los detalles son cruciales para garantizar que estos eventos cumplan con sus objetivos y brinden un valor significativo, tanto para la empresa como para los participantes. Desde la creación de contenido relevante hasta la gestión logística impecable, cada elemento juega un papel importante en el éxito de estos eventos que conforman el tejido conectivo del mundo empresarial. Los eventos corporativos se pueden clasificar de diversas maneras (y también caben quizás más categorías). Mii visión particular es la siguiente:

Seminarios y conferencias: Organizar reuniones profesionales con ponentes destacados implica seleccionar cuidadosamente temas relevantes y proporcionar una experiencia educativa y de networking de calidad.

Presentaciones de productos: Coordinar lanzamientos de nuevos productos o servicios exige creatividad en la presentación y una estrategia de marketing efectiva para generar emoción y demanda.

Jornadas de capacitación: Diseñar eventos para entrenar y mejorar habilidades del personal en un ambiente de aprendizaje estimulante y práctico.

Reuniones de accionistas: Organizar asambleas que brinden información transparente sobre el estado de la empresa y fomenten la comunicación entre la alta dirección y los accionistas.

Eventos de networking: Facilitar oportunidades para que profesionales de diversas industrias se conecten y establezcan relaciones valiosas para el crecimiento de sus negocios.

Foros industriales: Crear plataformas donde expertos puedan discutir tendencias, desafíos y oportunidades en una industria específica.

Eventos de reconocimiento: Reconocer y premiar a empleados y equipos destacados para fomentar la motivación y el compromiso.

Ferias comerciales: Organizar exposiciones donde empresas puedan exhibir sus productos y servicios ante un público objetivo y explorar asociaciones comerciales.

Desayunos o almuerzos empresariales: Facilitar encuentros informales donde líderes de negocios puedan compartir ideas y experiencias mientras fortalecen sus relaciones.

Retiros corporativos: Diseñar experiencias en entornos relajantes para fomentar la creatividad, el trabajo en equipo y la planificación estratégica.

Team Building Creativo: Diseñar actividades interactivas y creativas para mejorar la cohesión y la colaboración entre los empleados. Estas experiencias pueden incluir talleres de arte, actividades al aire libre o proyectos de grupo que fomenten la comunicación y el trabajo en equipo mientras se potencian habilidades clave.

Este tipo de eventos, conocidos como Team Building, desempeñan un papel fundamental en la construcción de relaciones sólidas y productivas entre los miembros del equipo. Además de mejorar la colaboración, también pueden ser una excelente manera de reducir el estrés, aumentar la moral y estimular la creatividad dentro del entorno corporativo. Los equipos cohesionados y motivados son más propensos a abordar desafíos con confianza y aportar soluciones innovadoras, lo que puede tener un impacto positivo en la cultura de la empresa y en sus resultados.

En el apasionante mundo del entretenimiento, los eventos corporativos desempeñan un papel fundamental que trasciende más allá de la mera organización. Son el nexo que conecta a las empresas con sus audiencias, colaboradores y socios, ofreciendo un espacio donde las ideas, la innovación y la visión empresarial se entrelazan en una danza cautivadora. Estos eventos no solo son meras ocasiones para el intercambio de conocimientos; son catalizadores que transforman la forma en que las marcas se perciben, cómo los empleados se relacionan y cómo los negocios se desarrollan.

La planificación minuciosa y la atención dedicada a cada detalle son las piedras angulares de estos eventos que contribuyen a la reputación de una empresa, a la cohesión de su equipo y su crecimiento. Al reunir a líderes y expertos, las conferencias y seminarios despiertan la chispa del conocimiento y la colaboración, impulsando la innovación en un crisol de ideas. Las presentaciones de productos, con su mezcla de creatividad y estrategia, generan un eco emocional que reverbera en la audiencia y despierta un ansia por la novedad.

La formación empresarial se convierte en una herramienta poderosa que cultiva habilidades y estimula el crecimiento personal en un entorno que combina aprendizaje y diversión. Las reuniones de accionistas reflejan la transparencia y el compromiso de una empresa con sus inversionistas, mientras que los eventos de networking y foros industriales se erigen como calderos de oportunidades y relaciones fructíferas.

No podemos dejar de destacar el impacto de los eventos de reconocimiento, donde el aplauso a los éxitos individuales se convierte en un motor colectivo de motivación. Las ferias comerciales y los almuerzos empresariales construyen puentes comerciales, mientras que los retiros corporativos y el team building creativo dan vida a la cultura organizacional y fortalecen la sinergia entre colegas.

En este apasionante mundo de los eventos corporativos, tan necesarios e importantes en el tejido empresarial, la magia reside en la habilidad de transformar simples momentos en memorias imborrables. Cada evento es una oportunidad para pintar con trazos de emoción, conocimiento y relaciones humanas, yuxtaponiendo la seriedad del mundo de los negocios con la vivacidad del entretenimiento. Aquí, en la encrucijada de estrategia y espectáculo, reside la esencia misma de "VIVIR por 'AMOR AL ARTE'", donde el negocio se funde con la creatividad, y la excelencia se convierte en la norma. En la unión de estos dos mundos, los eventos corporativos emergen como una sinfonía vibrante que fortalece a las empresas y transforma los sueños en realidad.

5. Eventos culturales y artísticos

Recitales de ópera y música clásica: La planificación y promoción de recitales de ópera y música clásica va más allá de la simple logística. Requiere sumergirse en la riqueza histórica y emocional de las composiciones, seleccionar cuidadosamente el repertorio y colaborar estrechamente con músicos y cantantes excepcionales. La elección del lugar es crucial, ya que los teatros y espacios adecuados pueden acentuar la belleza y la reverberación de las piezas interpretadas. Estos eventos son oportunidades para llevar al público en un viaje en el tiempo, resucitando las emociones y los paisajes sonoros de épocas pasadas.

Exposiciones de arte: Organizar exposiciones de arte es como crear una sinfonía visual. La curaduría de obras maestras, la combinación de estilos y épocas, y la creación de una narrativa cohesiva son procesos que requieren visión y habilidad. Más allá de colgar cuadros en las paredes, se trata de tejer una historia que involucre al público en un diálogo profundo con las obras expuestas. La elección de la disposición y el diseño del espacio influyen en cómo se experimenta el arte. Desde las inauguraciones hasta las visitas guiadas, cada momento debe estar cuidadosamente orquestado para brindar una inmersión en el mundo del arte y la cultura.

Festivales de cine independiente: La creación de festivales de cine independiente se asemeja a dar vida a un sueño en pantalla grande. Seleccionar películas que desafíen convenciones, den voz a las voces emergentes y cuenten historias que resuenen, es un arte en sí mismo. La logística va desde la proyección de películas hasta la organización de charlas y paneles con cineastas. Estos festivales no solo exhiben películas; también celebran la creatividad y la pasión que impulsan a los cineastas independientes a explorar nuevos horizontes.

Noches literarias y lecturas de poesía: Las palabras son las estrellas en las noches literarias y lecturas de poesía. Diseñar estos eventos significa crear un ambiente íntimo donde las palabras cobren vida. La elección de los autores y poetas, así como la selección de las obras a compartir, influye en el tono y la atmósfera del evento. La lectura en voz alta no solo transmite historias y emociones, sino que también conecta al público con las mentes creativas detrás de las palabras, generando un diálogo entre escritores y lectores.

Eventos de danza y ballet: La coreografía de eventos de danza y ballet es componer una melodía con el movimiento del cuerpo. La selección de bailarines y coreógrafos de renombre es crucial para dar vida a la visión artística. La elección de la música y la creación de secuencias coreográficas transmiten emociones y narrativas en cada paso. La interacción entre la música, el diseño de vestuario y la iluminación convierte el escenario en un lienzo en movimiento, donde la danza se convierte en un medio de expresión artística.

Eventos de teatro experimental: Los eventos de teatro experimental son una ventana hacia la innovación y la creatividad escénica. Diseñar y producir obras que desafíen las convenciones teatrales convierte cada presentación en un acto de ruptura artística. La elección de escenografía, iluminación y narrativa está libre de límites tradicionales, lo que permite explorar nuevas formas de contar historias y conectar con el público en niveles profundos.

Conciertos de música del mundo: La creación de conciertos de música del mundo es viajar a través de culturas y sonidos diversos. La selección de músicos y bandas de diferentes partes del mundo enriquece la experiencia musical, permitiendo al público sumergirse en ritmos y melodías únicas. La combinación de instrumentos tradicionales y contemporáneos crea una sinfonía multicultural que conecta a personas de distintos horizontes.

Experiencias de arte interactivo: Diseñar experiencias de arte interactivo es dar vida a la creatividad del público. Estos eventos permiten a los asistentes convertirse en parte de la obra de arte, rompiendo las barreras entre el espectador y la creación. La elección de las tecnologías y los medios de interacción desencadena una participación activa y personalizada, transformando a los visitantes en cocreadores de la experiencia.

Encuentros literarios: Organizar encuentros literarios es tejer una red de palabras y pensamientos. Reunir a autores, críticos y amantes de la literatura en un espacio de diálogo y reflexión enriquece la comprensión de las obras y sus contextos. La elección de los temas a discutir y la selección de los panelistas influyen en la profundidad de las conversaciones y en cómo se exploran nuevas perspectivas literarias.

Experiencias de arte efímero: Diseñar experiencias de arte efímero es como capturar el instante en un lienzo fugaz. La creación de instalaciones temporales o performances únicas en espacios públicos o naturales transmite un mensaje que perdura en la memoria. La elección de los materiales y la interacción con el entorno invitan al público a cuestionar y reflexionar sobre la relación entre el arte y la vida cotidiana.

En el mundo de los eventos culturales y artísticos, la creatividad es el pincel y la pasión es el lienzo. Cada evento es una oportunidad de crear experiencias que toquen el alma, que despierten la curiosidad y que conecten a las personas con las expresiones más profundas de la humanidad. Es aquí donde el arte y el entretenimiento se funden, y donde las emociones, la reflexión y la inspiración encuentran su hogar.

Desde los recitales de ópera que nos transportan a otras épocas hasta las exposiciones de arte que tejen narrativas visuales cautivadoras, cada evento es una oportunidad para explorar la diversidad de la cultura humana. Los festivales de cine independiente no solo proyectan películas, sino que también proyectan sueños y voces que desafían las convenciones. Las noches literarias y lecturas de poesía nos conectan con las palabras como herramientas de expresión profunda, generando un diálogo literario entre autores y lectores.

La danza y el ballet, así como el teatro experimental, son espacios donde la creatividad escénica se desata y desafía los límites convencionales. La música mundial nos envuelve en sonidos de diferentes rincones del mundo, creando sinfonías que cruzan fronteras y culturas. Las experiencias de arte interactivo transforman a los espectadores en participantes activos y rompen las barreras entre el arte y la audiencia.

Los encuentros literarios y las exposiciones de arte efímero son foros donde las ideas y las expresiones encuentran un hogar temporal pero duradero.

Cada uno de estos eventos no solo enriquece nuestras vidas con emociones y conocimiento, sino que también sostiene un modelo de negocio que impulsa la innovación, la inversión y el crecimiento.

Estos eventos culturales y artísticos son, en esencia, una celebración de la creatividad humana en todas sus formas. Detrás de cada obra de arte, actuación y presentación hay una red de esfuerzo, visión y dedicación que convergen en una experiencia que perdura en la memoria de los asistentes. Ya sea a través de la música, la danza, el cine, la literatura o cualquier otra forma de expresión artística, estos eventos ofrecen un espacio donde la mente puede explorar, el corazón puede sentir y el alma puede elevarse.

Como especialista (más que nada por los años que llevo en esto) en el sector del entretenimiento, puedo asegurarte que los eventos culturales y artísticos no solo enriquecen la vida cultural de una comunidad, sino que también generan oportunidades económicas y profesionales significativas. Los modelos de negocio que se entrelazan con estos eventos son fundamentales para el sustento y la expansión del mundo artístico. Al brindar un espacio para la creatividad y la innovación, estos eventos no solo fomentan la diversidad cultural, sino que también contribuyen al crecimiento económico y al enriquecimiento intelectual de una sociedad.

En resumen, los eventos culturales y artísticos son más que simples entretenimientos: son la culminación de la pasión, la visión y el esfuerzo de muchos individuos comprometidos en llevar el arte y la cultura a las vidas de las personas. Son modelos de negocio que generan impacto y transformación, y son un recordatorio constante de que el arte no solo es una expresión, sino también un motor que impulsa el espíritu humano a nuevas alturas de creatividad y realización.

6. Eventos temáticos y exposiciones

Eventos de cine o series: Las proyecciones especiales de películas o episodios de series atraen a los fanáticos y requieren la gestión de licencias y la promoción efectiva del evento.

Convenciones de ficción y exposiciones: Las reuniones para fanáticos de géneros como la ciencia ficción o la fantasía demandan la planificación de paneles, actividades interactivas y experiencias temáticas.

Eventos de videojuegos: La industria del videojuego ha dado lugar a eventos que reúnen a jugadores, desarrolladores y entusiastas. Estos eventos pueden incluir torneos, presentaciones de nuevos juegos y paneles con figuras destacadas en la industria.

Exposiciones históricas y culturales: Diseñar exposiciones que cuenten historias del pasado o celebren la diversidad cultural implica la investigación exhaustiva y la creación de un ambiente que transporte a los visitantes a otro tiempo o lugar.

Eventos de cosplay: Las convenciones de cosplay permiten a los aficionados disfrazarse como sus personajes favoritos y participar en concursos y actividades temáticas. La planificación de estos eventos involucra la organización de desfiles, competencias y la interacción con la comunidad cosplay.

Exposiciones de arte digital: El arte digital ha encontrado su espacio en exposiciones que presentan obras generadas por ordenador, realidades virtuales y experiencias multimedia. Estos eventos desafían los límites tradicionales del arte y la tecnología y requieren una comprensión profunda de las plataformas digitales y la interacción del público.

En el dinámico mundo de los eventos temáticos y exposiciones, la imaginación es el motor que impulsa la creatividad y la conexión con audiencias apasionadas. Cada evento es una oportunidad para sumergirse en mundos ficticios, explorar culturas pasadas o celebrar expresiones artísticas contemporáneas. Los modelos de negocio que se despliegan en este campo son testigos de la poderosa combinación entre la pasión por los temas y la astucia comercial.

Los eventos de cine o series, por ejemplo, no solo proyectan películas: también generan una comunidad de fanáticos que comparten su amor por el cine. Las convenciones de ficción y exposiciones no solo reúnen a entusiastas; también se convierten en plataformas para la creatividad y el intercambio de ideas. Los eventos de videojuegos no solo son competencias; también son un escaparate para la innovación tecnológica y la cultura gamer.

Las exposiciones históricas y culturales son como ventanas al pasado y al mundo, creando puentes entre diferentes épocas y geografías. Los eventos de cosplay permiten a los fans transformarse en sus héroes y heroínas ficticios, dando vida a la fantasía en la realidad. Las exposiciones de arte digital desafían la noción convencional del arte, abrazando nuevas formas de expresión que se entrelazan con la tecnología.

En este contexto, los modelos de negocio no solo se centran en la organización del evento en sí, sino también en cómo capturar la esencia de un tema y brindar una experiencia auténtica a los participantes. Desde la adquisición de licencias hasta la creación de experiencias interactivas, cada paso tiene un propósito que va más allá del entretenimiento. Estos eventos temáticos y exposiciones no solo satisfacen a los apasionados seguidores, sino que también generan oportunidades económicas y profesionales.

Con cada evento se construye una comunidad, se despiertan emociones y se establecen lazos duraderos. La pasión por los temas y la dedicación en la planificación y ejecución de estos eventos dan lugar a experiencias memorables que quedan grabadas en la mente y el corazón de los asistentes. Los modelos de negocio que se tejen en este tejido creativo no solo reflejan la pasión por el arte y el entretenimiento, sino que también son testimonios de la habilidad para transformar los intereses en oportunidades y la creatividad en resultados tangibles.

7. Eventos de aventura y deportes extremos

Competiciones deportivas extremas: La organización de carreras y desafíos para atletas valientes implica la coordinación de rutas, seguridad y servicios de emergencia.

Ferias de aventura: Crear exposiciones y actividades al aire libre emocionantes y seguras atrae a los amantes de la aventura y la naturaleza.

Expediciones de montaña: Diseñar expediciones de montaña desafiantes implica la planificación de rutas, el equipo adecuado y la consideración de los factores climáticos y de seguridad.

Desafíos acuáticos: Organizar eventos como competiciones de surf, remo o buceo en aguas abiertas exige la gestión de condiciones marítimas cambiantes y la seguridad de los participantes.

Carreras de obstáculos: La creación de carreras de obstáculos demanda la construcción de desafíos físicos y mentales, así como la coordinación de logística y seguridad para los participantes.

En el emocionante mundo de los eventos de aventura y deportes extremos, la adrenalina es la fuerza impulsora detrás de cada paso audaz y emocionante.

Cada evento es una invitación a explorar los límites físicos y mentales, a desafiar la comodidad y a abrazar la emoción del riesgo calculado. Más allá de la mera organización, estos eventos crean oportunidades para que los individuos prueben sus límites y descubran nuevas facetas de sí mismos.

Las competiciones deportivas extremas no solo son carreras; son pruebas de resistencia y coraje, desafiando a los participantes a superar obstáculos físicos y mentales en busca de la victoria.

Las ferias de aventura no solo son exposiciones: son portales a mundos desconocidos, invitando a los asistentes a descubrir nuevas actividades y destinos emocionantes. Las expediciones de montaña no solo son ascensos; son viajes a cumbres que desafían la resistencia humana y ofrecen vistas espectaculares como recompensa.

Los desafíos acuáticos no solo son competiciones; son exploraciones de océanos y mares, conectando a los participantes con la vastedad y la majestuosidad del agua. Las carreras de obstáculos no solo son pruebas físicas; son oportunidades para enfrentar obstáculos de la vida real mientras se cultivan la fuerza y la determinación.

En este escenario, los modelos de negocio no solo se centran en la logística, sino en cómo nutrir la pasión por la aventura y convertirla en experiencias memorables. Desde la selección de rutas desafiantes hasta la garantía de seguridad de los participantes, cada paso es una inversión en la exploración personal y el descubrimiento.

Los eventos de aventura y deportes extremos no solo despiertan emociones intensas; también generan oportunidades económicas y profesionales para aquellos que eligen aventurarse en este campo.

Cada evento es una manifestación del espíritu humano de superación y exploración. Detrás de cada emoción palpitante y cada desafío superado se encuentra la fuerza de quienes eligen abrazar lo desconocido y enfrentar lo imposible.

Los modelos de negocio en este ámbito no solo se basan en la valentía, sino en la capacidad de transformar la pasión por la aventura en una experiencia que cambia vidas.

En cada carrera conquistada y cada desafío superado, se teje un vínculo entre el individuo y su capacidad para trascender los límites. Los eventos de aventura y deportes extremos son testimonios de la audacia humana y de cómo cada paso hacia lo desconocido nos acerca un poco más a la verdad profunda de lo que somos capaces de lograr.

8. Eventos sociales

Bodas y celebraciones personales: Los eventos significativos en la vida de las personas demandan una planificación detallada para hacer realidad los sueños y deseos de los protagonistas.

Sin duda, las bodas son un mundo en sí mismas: un universo lleno de detalles, emociones y expectativas que merecen una atención minuciosa y especializada. Organizar una boda completa es como dirigir una sinfonía compuesta por los deseos y sueños de la pareja fusionados con la experiencia y la creatividad del organizador. Es un proceso que va más allá de la mera logística; es una danza elegante entre la planificación meticulosa y la conexión emocional.

Los eventos nupciales demandan una comprensión profunda de los deseos de los novios. Cada boda es única, reflejando la personalidad y la historia de la pareja. Desde la elección del lugar hasta el diseño floral, desde la música que resonará en el aire hasta el menú que deleitará los paladares, cada elemento contribuye a tejer la trama de un día inolvidable. La empatía y la comunicación fluida son esenciales, ya que es fundamental escuchar y captar los matices que hacen que cada boda sea auténtica.

El cliente de una boda es un cliente que busca más que una simple organización. Busca un cómplice, un guía, alguien que pueda materializar sus visiones y superar sus expectativas. La confianza que depositan en el organizador es invaluable, y corresponde con un compromiso de convertir sus sueños en realidad. Es una relación basada en la comprensión, el respeto y la dedicación para brindar una experiencia que esté a la altura del amor que se celebra.

Cada detalle cuenta en una boda: desde la elección de colores y decoraciones hasta la coordinación de la ceremonia y la recepción. La planificación del itinerario es una coreografía cuidadosa que garantiza que cada momento fluya con gracia y que los invitados estén inmersos en un ambiente de amor y alegría. La correcta elección de proveedores de confianza, como fotógrafos, músicos y diseñadores, es fundamental para asegurar que la boda sea un testimonio visual y emocional de la pareja.

Es cierto: podría escribir múltiples libros exclusivamente sobre la planificación y organización de bodas. Cada una tiene su propia historia, su propia estética y su propio conjunto de desafíos y recompensas. La especialización en bodas es un camino que requiere pasión, paciencia y una habilidad innata para tejer hilos mágicos en el tapiz de la celebración nupcial.

En resumen: las bodas son una oportunidad para crear momentos inolvidables que perduren en la memoria de las parejas y sus seres queridos. Son eventos que fusionan amor, creatividad y atención al detalle, creando una experiencia que va más allá de lo físico y se adentra en lo emocional. La especialización en bodas es un arte que abraza los deseos y sueños de los protagonistas y se convierte en un legado de amor en cada celebración.

Fiestas temáticas: La organización de reuniones basadas en conceptos específicos permite a los asistentes sumergirse en experiencias únicas y divertidas.

Aniversarios y reuniones familiares: La creación de eventos para conmemorar hitos familiares fortalece los lazos y crea recuerdos duraderos entre generaciones.

Baby showers y bautizos: Planificar celebraciones para dar la bienvenida a nuevos miembros de la familia involucra la selección de detalles tiernos y emocionales.

Despedidas de soltero(a): Organizar despedidas de soltero(a) implica diseñar experiencias memorables que celebren la próxima etapa de la vida de los protagonistas.

Fiestas de cumpleaños: La planificación de fiestas de cumpleaños implica creatividad en la decoración, actividades y entretenimiento para agradar al homenajeado y a los invitados.

Eventos de graduación: Diseñar eventos para celebrar logros académicos exige un enfoque en la celebración personalizada y la reflexión sobre los futuros pasos.

Recepciones y cócteles sociales: La creación de ambientes elegantes y acogedores en recepciones y cócteles fomenta la interacción y la conexión entre los asistentes.

Celebraciones culturales y tradicionales: La planificación de eventos para celebrar festividades culturales y tradiciones involucra la autenticidad en la representación y la creación de experiencias enriquecedoras.

Retiros y jubilaciones: Estos eventos celebran una vida de trabajo y logros, y son una excelente oportunidad para que las familias se reúnan y honren a sus mayores.

Reuniones de familia programadas: No necesitan realizarse en fechas específicas, simplemente son una excusa para que la familia se reúna, actualice y fortalezca sus lazos.

Celebraciones de logros: Ya sea un nuevo trabajo, una promoción, o cualquier otro logro personal o profesional, estos momentos son ideales para reunir a seres queridos y compartir la alegría.

Además, en mi experiencia, he encontrado que a veces no se necesita una razón específica para celebrar. He propuesto a clientes la idea de organizar eventos o fiestas solo porque sí, para celebrar la vida, la amistad, y para disfrutar de la compañía de seres queridos. Estos eventos, libres de expectativas y presiones, a menudo resultan ser los más genuinos y, curiosamente, los más exitosos. Como suelo decir, "¿Por qué no celebrar simplemente la vida?" Y la respuesta de mis clientes suele ser un resonante "¿Y por qué no?".

En el apasionante mundo de los eventos sociales, cada ocasión se convierte en una página en blanco lista para ser escrita con emociones, alegría y significado. Cada evento es una oportunidad para celebrar momentos de la vida, conectarse con seres queridos y compartir momentos especiales que perdurarán en la memoria.

Los eventos sociales van más allá de la planificación: son actos de amor, celebración y cuidado. Las bodas y celebraciones personales son como esculpir sueños en la realidad, transformando visiones en momentos mágicos. Las fiestas temáticas no son solo eventos; son portales a mundos imaginativos que permiten a los invitados sumergirse en nuevas experiencias.

Las reuniones familiares son como tejer hilos de amor que conectan generaciones y fortalecen la unidad. Los baby showers y bautizos no son solo celebraciones; son bienvenidas cálidas y llenas de esperanza para los recién llegados. Las despedidas de soltero(a) son momentos de emoción y anticipación, marcando el comienzo de una nueva etapa en la vida.

Las fiestas de cumpleaños son más que velas y pasteles; son manifestaciones de cariño y amistad. Los eventos de graduación no solo celebran logros; son puentes hacia el futuro, recordando la valentía y el esfuerzo que llevaron hasta ese momento. Las recepciones y cócteles sociales son espacios donde las conexiones florecen y donde las conversaciones se convierten en oportunidades.

Las celebraciones culturales y tradicionales son puertas a la historia y la identidad, manteniendo vivas las raíces y compartiendo la riqueza de la diversidad.

Los modelos de negocio en este ámbito no solo se centran en la planificación logística, sino que se nutren de la capacidad de entender y abrazar las emociones y expectativas de los protagonistas. Cada evento social es un recordatorio de la importancia de celebrar la vida y compartir momentos con aquellos que más importan.

La planificación de eventos sociales es una oportunidad de marcar diferencias y crear experiencias que perduren en el corazón de las personas. Cada ocasión es un lienzo en blanco en el que se pinta el amor, la amistad y la alegría. En el mundo de los eventos sociales, cada detalle es una pincelada que contribuye a crear momentos inolvidables.

9. Eventos de caridad y beneficencia

Conciertos solidarios: La coordinación de actuaciones benéficas para recaudar fondos implica la colaboración con artistas comprometidos con causas sociales. Estos eventos no solo son una plataforma para disfrutar de la música, sino también una oportunidad para impactar positivamente en la sociedad. La selección de artistas que comparten valores y están dispuestos a donar su talento es esencial para transmitir el mensaje de solidaridad. La recaudación de fondos se convierte en un acto de generosidad y contribución donde la música se convierte en un vehículo para el cambio.

Subastas de caridad: La planificación de eventos que apoyen causas sociales exige la coordinación de donaciones y la creación de experiencias atractivas para los participantes. Las subastas de caridad son más que una oportunidad para adquirir objetos valiosos; son una expresión de empatía y compromiso con diversas causas. La selección de los objetos a subastar y su presentación requieren sensibilidad y creatividad para inspirar a los asistentes a hacer una contribución significativa. Cada puja es un acto de generosidad que contribuye a hacer una diferencia en la comunidad.

Maratones y eventos deportivos solidarios: La organización de maratones y eventos deportivos benéficos une el espíritu competitivo con el deseo de generar impacto social. Estos eventos no solo ponen a prueba la resistencia física, sino también la determinación de los participantes por apoyar causas altruistas. La logística va desde la selección de rutas seguras hasta la implementación de medidas de seguridad y asistencia médica. Cada paso, cada pedalada, se convierte en un gesto de solidaridad que trasciende las metas personales.

Maratones musicales: Los maratones musicales son una llamada a la resistencia artística y la solidaridad. Organizar presentaciones continuas durante horas o incluso días requiere una planificación meticulosa y una variedad de talentos comprometidos. Estos eventos no solo exploran la diversidad musical, sino que también desafían los límites creativos de los artistas y brindan al público una experiencia inmersiva.

Las iniciativas de caridad y beneficencia en el mundo del entretenimiento son un recordatorio poderoso de la capacidad de la industria para ser un agente de cambio positivo. Si bien estos eventos tienen una finalidad benéfica, también es importante reconocer que pueden ser rentables para las entidades, personas o empresas que los organizan. A través de la colaboración con patrocinadores, sponsors, administraciones gubernamentales, ayuntamientos, diputaciones y otras fuentes de financiación, se puede garantizar la recaudación de fondos necesaria para apoyar la causa.

Este enfoque sostenible permite que tanto la generosidad como la responsabilidad empresarial se unan en una sinergia que beneficia a la comunidad y al mismo tiempo asegura la viabilidad económica de los eventos. En última instancia, estos eventos demuestran que el arte y el entretenimiento pueden ser catalizadores para el cambio social, donde todos los involucrados, desde los organizadores hasta los participantes, son protagonistas en la construcción de un mundo mejor.

10. Eventos virtuales y en streaming

Gracias a la pandemia del COVID-19, hemos experimentado una acelerada transformación en la forma en que experimentamos el entretenimiento y el arte. A medida que enfrentamos restricciones de movilidad y distanciamiento social, hemos aprendido a utilizar mejor los medios digitales y a adoptar la tecnología en nuestras vidas cotidianas. La necesidad de adaptarnos a nuevas formas de conectarnos y compartir experiencias nos ha llevado a explorar el mundo de los eventos virtuales y en streaming de una manera más profunda y significativa. Ya no se trata simplemente de una solución temporal, sino de una puerta abierta a la innovación y a la expansión de nuestras posibilidades.

Hemos superado las barreras tecnológicas y hemos demostrado que la edad no es un obstáculo para aventurarnos en este tipo de eventos. Desde niños hasta personas de avanzada edad, todos han aprendido a familiarizarse con la tecnología y a abrazar la oportunidad de participar en eventos virtuales y en streaming. Lo que en un principio podría haber parecido una transición complicada se ha convertido en una nueva forma de conectarnos, aprender y disfrutar del arte y el entretenimiento. La accesibilidad y la comodidad que ofrecen estos eventos han trascendido las limitaciones físicas y geográficas, permitiéndonos estar presentes en experiencias culturales y artísticas desde cualquier rincón del mundo.

El aprendizaje que hemos adquirido en este período nos ha enseñado a valorar la versatilidad de los eventos virtuales y en streaming como una parte integral del sector del entretenimiento. Ahora, más que nunca, podemos apreciar la sinergia entre la creatividad artística y la tecnología, y cómo estas dos fuerzas se combinan para ofrecer experiencias enriquecedoras y emocionantes. Los eventos virtuales y en streaming han llegado para quedarse y han demostrado que no solo son una respuesta a los desafíos actuales, sino también una plataforma para la innovación y la evolución continua en el mundo del arte y el entretenimiento.

Conciertos online: La transmisión de actuaciones en línea permite llegar a audiencias globales y requiere una planificación técnica y promocional para garantizar una experiencia inmersiva. La selección de la plataforma adecuada, la calidad del audio y video, y la interacción con los espectadores son aspectos clave para el éxito de estos eventos. Los conciertos online no solo amplían el alcance geográfico, sino que también ofrecen oportunidades para la innovación en la presentación artística y la colaboración entre músicos de diferentes lugares.

Experiencias de realidad virtual: La creación de actividades inmersivas en entornos virtuales exige la colaboración con expertos en tecnología y la creación de contenido envolvente. Las experiencias de realidad virtual van más allá de la simple transmisión y permiten a los participantes interactuar con el contenido de manera única. Desde conciertos hasta exhibiciones de arte, la realidad virtual transforma la manera en que experimentamos el entretenimiento, sumergiéndonos en mundos alternativos y desafiando los límites de la creatividad.

Webinars y conferencias virtuales: La organización de webinars y conferencias online requiere la adaptación de la experiencia presencial al entorno virtual. La planificación de contenidos relevantes, la interacción con los asistentes a través de chats y preguntas en vivo, y la facilitación de sesiones de networking en línea son elementos esenciales para mantener el valor educativo y de networking. Los eventos virtuales permiten a los participantes conectarse desde cualquier lugar del mundo, eliminando barreras geográficas y abriendo puertas a nuevas formas de aprendizaje y colaboración.

Exposiciones virtuales: La creación de exposiciones de arte y culturales online brinda la oportunidad de explorar obras y artefactos desde cualquier parte del mundo. La curaduría digital y la navegación interactiva permiten a los visitantes explorar las exposiciones a su propio ritmo, profundizando en detalles y contextos históricos. Las exposiciones virtuales también pueden combinar medios como videos, audio y texto para enriquecer la experiencia y ofrecer una visión integral de las obras.

Eventos de networking virtual: La creación de espacios virtuales para la interacción y el networking es esencial en la era digital. Organizar eventos donde profesionales de diferentes industrias puedan conectarse y establecer relaciones —ya sea a través de salas de chat o plataformas de videoconferencia—, brinda oportunidades para la colaboración y el intercambio de ideas. Los eventos de networking virtual permiten a los participantes ampliar su red de contactos de manera eficiente y cómoda sin importar la ubicación física.

En el mundo actual, los eventos virtuales y en streaming han cobrado una nueva relevancia. Estas modalidades no solo ofrecen alternativas en situaciones excepcionales, como demostró la pandemia, sino que también abren puertas a nuevas formas de crear y compartir experiencias. La tecnología no solo elimina las barreras geográficas, sino que también fomenta la innovación en la presentación artística y en la participación del público. Los eventos virtuales y en streaming son una respuesta a la creciente demanda de conectividad global y experiencias personalizadas, demostrando que el entretenimiento y el arte pueden seguir evolucionando para inspirar y enriquecer nuestras vidas.

4. No puedes contratar a Shakira, supéralo.

La complejidad de contratar a grandes estrellas: Más allá del dinero

En el ilustre mundo del entretenimiento, los entresijos del negocio musical son a menudo más complicados de lo que uno podría pensar. A simple vista parece una simple transacción: uno paga y recibe un servicio. Pero cuando se trata de artistas de la talla de Shakira, el juego cambia drásticamente.

Muchos tienen la percepción de que con un gran capital es posible contratar a cualquier artista, sin importar su estatura o fama. Esta creencia proviene de una simple visión del entretenimiento, donde todo se reduce a una transacción monetaria. Sin embargo, para un artista de renombre, la decisión de participar en un evento o proyecto va mucho más allá del cheque que se les ofrece.

Shakira, por ejemplo, ha construido su carrera a través de años de arduo trabajo, decisiones calculadas y una reputación meticulosamente cultivada. Su talento indiscutible y su marca única la han llevado a ser una de las artistas más reconocidas del mundo. Ahora, imagina por un momento que un empresario extremadamente adinerado, quizás listado en Forbes, se acerca con una oferta para contratarla. ¿Significa esto que automáticamente aceptará? La respuesta es un rotundo no.

El riesgo es, sin duda, uno de los factores determinantes. Imagina que este empresario, a pesar de su fortuna, carece de experiencia en la producción de conciertos. Si un evento con Shakira no cumple con las expectativas no solo afecta al empresario, sino que puede manchar la reputación de Shakira; una marca que ha llevado años construir. Un fallo en la producción, problemas con la logística, o una mala gestión pueden convertirse en titulares de noticias, generando un impacto negativo para la artista.

El dinero, aunque esencial, no puede comprar experiencia, conocimientos técnicos, ni garantizar el éxito de un evento. Y aquí es donde la experiencia juega un papel crucial. Si bien el capital es necesario, lo que realmente hace que un evento sea exitoso es la capacidad de producirlo adecuadamente, garantizando que cada detalle, por pequeño que sea, esté perfectamente ejecutado.

Y aquí es donde una figura como la mía o la de algún compañero y nuestra larga experiencia entran en juego:

1. Comenzar desde abajo: La mejor manera de aprender es empezando desde el principio. Produce artistas y eventos locales, familiarízate con el proceso, enfrenta y supera los desafíos que surjan.

2. Red de contactos: Establece conexiones con otros profesionales del sector. Asistir a conferencias, seminarios y talleres puede ofrecer valiosas oportunidades de networking.

3. Educación constante: El mundo del entretenimiento está en constante evolución. Mantente al día con las últimas tendencias, tecnologías y métodos.

4. Equipo de profesionales: Rodearte de un equipo experto es esencial. Un buen equipo puede anticipar problemas, ofrecer soluciones y garantizar que cada aspecto del evento sea un éxito.

5. Reputación y ética laboral: En este negocio, tu reputación lo es todo. Trabaja con integridad, honra tus acuerdos y busca siempre superar las expectativas.

Contratar a grandes estrellas es más que una simple transacción financiera. Requiere experiencia, habilidad y un profundo entendimiento de la industria. Aunque el dinero es un factor, la verdadera clave del éxito radica en la capacidad para producir eventos que no solo generen ingresos, sino que también respeten y eleven la marca y reputación del artista.

Con dedicación, formación y aprendizaje continuo, cualquier aspirante a productor puede alcanzar el nivel de éxito que se propone, siempre con una base sólida y guiado por los principios de integridad y excelencia.

5. Sin pasión y sacrificio por lo que haces no vas a lograr nada

En el mundo del show business, los conciertos en vivo, los eventos o el entretenimiento, el camino hacia el éxito no es un simple paseo. Se requiere una dosis significativa de pasión y sacrificio para alcanzar las metas que te has propuesto. Si bien puede ser tentador enfocarse únicamente en los resultados finales, es esencial recordar que cada paso en el recorrido es crucial.

La pasión es el combustible que impulsa tus esfuerzos en este sector. Es la chispa que enciende tu creatividad y te motiva a explorar nuevas ideas y enfoques. Sin pasión, el trabajo se convierte en una rutina monótona y las oportunidades para la innovación y el crecimiento se ven limitadas. Cada proyecto debe ser abordado con una dedicación inquebrantable, ya que es esta pasión la que te llevará a superar obstáculos y a seguir adelante incluso cuando enfrentes desafíos imprevistos.

No obstante, la pasión sola no es suficiente. El sacrificio es una parte inseparable de la ecuación del éxito en el negocio del entretenimiento. Los logros significativos rara vez llegan sin un esfuerzo significativo porque además la competencia que existe es demasiado amplia y con un nivel de calidad importante y además en constante evolución. Esto puede significar invertir tiempo, energía y, en ocasiones, renunciar a ciertas comodidades para avanzar en tu carrera. Los sacrificios pueden manifestarse en forma de largas jornadas de trabajo, enfrentamientos con la incertidumbre y la toma de decisiones difíciles. Pero cada sacrificio contribuye a moldear tu camino y te enseña lecciones valiosas a lo largo del viaje.

Recuerda: la experiencia es un maestro poderoso en el mundo del entretenimiento. Cada desafío que encuentres, cada éxito que celebres y cada momento que compartas con colegas y mentores será parte integral de tu crecimiento. Aunque puedas enfrentarte a obstáculos que parezcan insuperables, debes abrazarlos como oportunidades para evolucionar y fortalecerte.

Cuando hayas caminado una parte importante a través del proceso, cuando mires hacia atrás en tu trayectoria, verás que cada sacrificio y cada momento de pasión valieron la pena. La satisfacción de ver tus esfuerzos convertidos en éxitos y la alegría de haber disfrutado el viaje serán tus mayores recompensas. Así que sigue adelante con determinación, mantén viva la llama de la pasión y abraza los desafíos con valentía. En el mundo del entretenimiento, el AMOR por el ARTE es el cimiento sobre el cual construyes tus sueños.

6. Algunos nombres de artistas y proyectos de referencia

En esta sección, deseo aprovechar la oportunidad para mencionar algunos de los eventos y artistas que han dejado una huella imborrable en mi vida y en el equipo de trabajo con el que he compartido innumerables experiencias. Este libro va más allá de ofrecer simples consejos: tiene la intención de transmitir el siguiente mensaje poderoso: "con esfuerzo, dedicación y trabajo arduo, todo es posible."

Me dejaré en el tintero muchos nombres y proyectos, ya que es imposible recordar el legado completo, por lo que pido disculpas anticipadas a aquellas personas que han formado parte del elenco de artistas o proyectos que he producido y aquí no aparecen.

Los eventos y artistas que destacaré en estas páginas son ejemplos vivos de cómo la pasión, la perseverancia y la búsqueda incansable de la excelencia pueden dar como resultado logros impresionantes en el mundo del entretenimiento y la industria musical. Y no digo que hayan sido proyectos con resultados excelentes, pero tan solo el hecho de buscar ese resultado ya hace que culminen con la máxima calidad que las circunstancias particulares lo hayan permitido.

Cada uno de ellos, representa un capítulo indispensable en mi propia historia de crecimiento y superación, y estoy emocionado de compartirlo con la esperanza de inspirar a otros a perseguir sus propios sueños con determinación y pasión. Espero lograr transmitir la idea de que, sin importar cuán desafiante pueda parecer un objetivo, con compromiso y trabajo duro, podemos superar obstáculos aparentemente insuperables y alcanzar el éxito en nuestras respectivas áreas. La historia de cada evento y artista destacado en estas páginas es una prueba tangible de que el camino hacia el éxito está al alcance de aquellos que se atreven a soñar en grande y a dar lo mejor de sí mismos.

Estas experiencias no solo son un testimonio de nuestras capacidades individuales, sino que también son prueba de la fuerza y el poder que surge cuando se trabaja en equipo. Esta es mi manera de invitaros a reflexionar sobre vuestros propios sueños y aspiraciones. La vida profesional es un viaje de constante evolución y sorpresas gratas que nos desafían y nos hacen crecer.

A lo largo de mi carrera he tenido el privilegio de trabajar en la organización de eventos y conciertos que han marcado significativamente mi trayectoria. Eventos que en su momento parecían inalcanzables, pero que ahora se han convertido en valiosas lecciones y momentos de inspiración.

A continuación, enumeraré algunos de los eventos que han transformado mi camino profesional en una emocionante travesía llena de logros, tropiezos —pues los ha habido— y aprendizajes que han superado con creces mis mejores sueños. Si me lo cuentan hace años —cuando solo era un chico joven con muchas aspiraciones profesionales—, jamás habría imaginado que estas vivencias formarían parte de mi realidad.

1. Plácido Domingo: el más grande de todos los grandes

Sin duda alguna, uno de los momentos más memorables y trascendentales en mi carrera ha sido mi colaboración con el incomparable Plácido Domingo. Siendo un admirador de su talento desde mis primeros pasos en admiración por la música, tener la oportunidad de producir conciertos emblemáticos para y con él, ha sido un sueño hecho realidad.

Plácido Domingo, una leyenda viva en el mundo de la música: ha sido mucho más que un artista a lo largo de mi carrera. Es un mentor, un ejemplo de dedicación y pasión y un ser humano increíblemente generoso. Su presencia en mi carrera no solo me ha brindado experiencias inolvidables, sino que también ha sido una fuente constante de aprendizaje y superación.

Recuerdo con asombro la primera vez que tuve el honor de producir uno de sus conciertos en el majestuoso Kremlin Palace, en Moscú, allá por el año 2007. Un escenario imponente para un artista incomparable. La energía en el teatro, con más de 5000 personas reunidas para disfrutar de su música, fue electrificante. Esa noche, su voz llenó el espacio y dejó una huella imborrable en todos los presentes.

Pero la travesía junto a Plácido Domingo no se detuvo allí. Hemos compartido momentos memorables en lugares tan diversos como Altos de Chavón (República Dominicana, la Universidad Simón Bolívar en Caracas (Venezuela), la Torre del Reloj en Cartagena de Indias (Colombia), en la Explanada del Estadio Monumental de Lima (Perú), en Bolivia, Paraguay, Lisboa… por mencionar solo algunos. Cada uno de estos conciertos ha sido un desafío y una oportunidad de superación, gracias a la exigencia y la perfección que él demanda en cada actuación.

El legado de Plácido Domingo no solo radica en su impresionante récord Guinness por el aplauso más largo de la historia de la música, sino en su incansable compromiso con la música y con la formación de jóvenes talentos. Él personifica la frase: "Si descanso, me oxido". Su dedicación constante a la música es una inspiración para todos nosotros, jóvenes y experimentados en la industria.

La oportunidad de trabajar con Plácido Domingo ha sido un regalo preciado en mi carrera. Me ha permitido producir conciertos que siempre estarán marcados en la historia de la música y en mi propia historia. Mi profundo agradecimiento a él y a Petra, —parte fundamental de estos proyectos—, por haberme brindado la oportunidad de trabajar con un gigante de la música y aprender de su dedicación y pasión inquebrantables.

2. Otoños Flamencos en Granada, Teatro Isabel la Católica

En el año 2005 se iniciaba una inolvidable y entrañable odisea en la producción de un proyecto que hoy atesoro con profundo cariño. Este proyecto se desarrollaba en el majestuoso escenario del Teatro Isabel la Católica, un rincón emblemático en mi ciudad natal, Granada. Estos ciclos no eran simplemente espectáculos de FLAMENCO; eran auténticas joyas que no solo deslumbraban por la riqueza de este género musical, sino que también servían como plataforma para destacados artistas, algunos emergentes y otros con trayectorias ya consagradas.

Las noches de flamenco en este teatro eran un auténtico festín para los sentidos, una experiencia que ha quedado indeleblemente grabada en mi memoria. A lo largo de varios años mi equipo y yo estábamos al frente de la programación, que se extendía durante aproximadamente una semana a principios de diciembre, coincidiendo con el puente de la Constitución y la Inmaculada. En esos días, Granada se llenaba de visitantes en busca de cultura de alta calidad y nosotros estábamos decididos a brindársela.

Durante este tiempo, tuve el honor de trabajar con una constelación de artistas de renombre internacional, entre los cuales destacaban figuras como Enrique Morente, Pepe Habichuela, Duquende, Josemi Carmona, Kika Quesada, Joaquín Grilo, Susana Lupiañez La Lupi, Curro de María, Patricia Guerrero, Manuel Liñán, Chonchi Heredia, Juan Pinilla, Luis Mariano, Eloy Heredia, Iván

Vargas y Tatiana Garrido, por nombrar solo algunos. Además, nuestras veladas flamencas también ofrecían un espacio destacado a las principales zambras de Granada, dando voz a los talentos locales que se entregaban con pasión en los tablaos de la ciudad para deleitar a los turistas que llegaban en busca de los encantos de esta hermosa urbe.

Programar estos ciclos en un teatro de la envergadura del Teatro Isabel la Católica fue una experiencia formativa invaluable. En aquellos años, se forjó el inicio de lo que hoy en día se ha convertido en mi "más que preciada" rutina diaria: la producción de espectáculos en directo. Esta etapa de mi carrera es un capítulo que siempre recordaré con gratitud y nostalgia, una época en la que la magia del flamenco y la energía del escenario crearon un ambiente único, dejando una huella imborrable en mi corazón y en la historia cultural de Granada.

3. Trío de ases flamencos Joaquín Cortés, Rafael Amargo y Antonio Canales

Si hubiéramos producido estos espectáculos juntos, el proyecto probablemente habría llevado el nombre de Los 3 Tacones, siguiendo el modelo del exitoso proyecto Los 3 Tenores. Este último se refiere al proyecto de voces lírica que unió en una maravillosa gira mundial sin igual a Luciano Pavarotti, Plácido Domingo y José Carreras. Sin embargo, este proyecto flamenco nunca llegó a materializarse a pesar de haber mantenido conversaciones con los equipos de los tres artistas en su momento.

Aun así, tuve la oportunidad de producir a estos artistas por separado en varias ocasiones, aunque con cierta complejidad cuando su fama era mayor porque implicaba desafíos adicionales.

Aunque Rafael Amargo no fue el más complicado de los tres, recuerdo que los numerosos espectáculos que produje para él me brindaron valiosa experiencia desde el principio. Incluso cuando yo era relativamente inexperto, se presentó una oportunidad inusual: me encargaron por parte de la cúpula de Mitsubishi Electric de Japón producir un espectáculo con Rafa en la Plaza de Toros de Vista Alegre en Madrid para un público de alrededor de 500 japoneses, directivos y altos ejecutivos de la compañía. Este evento representó un importante salto de nivel en mi carrera, tanto por su complejidad como por la internacionalidad, ya que trabajaba para un cliente no español y debía comunicarme en inglés, un idioma que aún no dominaba completamente. Se dice que se aprende más de lo difícil que de lo fácil, y hoy puedo afirmar con certeza que es cierto.

Mi relación con Rafael Amargo y su familia hoy en día es de amistad, respeto y admiración. Es un artista que ha dejado una huella importante en el mundo del arte, y recuerdo esos difíciles momentos que viví debido a un manager insoportable que Rafa tenía en sus años de mayores éxitos. A pesar de la facilidad que yo encontraba para vender sus espectáculos a diferentes clientes en España (quizás por mis dotes comerciales o quizás mi pasión por el género y cómo lo transmitía),las dificultades surgían cuando se trataba de elaborar contratos y gestionar la producción técnica y logística debido al trato poco profesional y arrogante de ese señor. Eventualmente, tuve que renunciar a trabajar más con Rafael debido a esta situación, pero años después, fue Rafa quien me contactó para volver a colaborar. Yo puse la condición de no hacerlo, con la condición de que jamás con ese manager problemático, y él aceptó. Hoy en día no sé a qué se dedica ese "manager"; tampoco lo he echado de menos. Siempre hay que interpretar toda mala experiencia como aprendizaje, aunque, cuando se suman demasiadas experiencias complejas seguidas uno piensa: "necesito un tiempo sin aprender tanto".

En esos mismos días, me encontraba lidiando con desacuerdos en relación con una producción técnica complicada con un bailarín/bailaor (no es lo mismo) de renombre internacional para un evento en Abu Dhabi (Emiratos Árabes Unidos). Necesitaba sacar adelante este evento ya que era tremendamente importante para mi carrera y además para un cliente emiratí importante, pero no podía asumir un tremendo riesgo que me estaba quitando hasta el sueño por caprichos en cuanto a elementos de producción técnica que eran imposibles de satisfacer. Pasaba los días y las noches buscando solución, pero aún no había firmado el contrato con ese artista. En una llamada con Rafa le pregunté si estaría disponible para trabajar juntos la semana siguiente, que era cuando tenía lugar el evento, a lo que él respondió: "Manuel, si hace falta, bailo encima de la nieve". Esta conversación tuvo lugar mientras yo almorzaba en la cocina de la casa de mi madre, lo recuerdo perfectamente, son imágenes que se te quedan grabadas ya que Rafa había sido muy importante para mí hasta que tuve que tomar la decisión de suspender la relación profesional.

Así que nos dirigimos a producir esos dos espectáculos la semana siguiente con una compañía de 20 artistas en escena y 8 técnicos en un teatro que probablemente sea el más lujoso en el que haya trabajado hasta hoy, el del Hotel Emirates Palace de Abu Dhabi. Invito al lector a buscarlo y admirar la belleza de ese lugar.

En ese mismo hotel, un año antes, produje un evento para el Sheikh de Abu Dhabi con Joaquín Cortés que involucró a un elenco de 27 artistas en el escenario. Aunque este proyecto añade brillo a mi currículum, hoy en día no lo aceptaría nuevamente debido a las dificultades injustas e ilógicas que tuvimos que enfrentar. Hasta aquí quiero contar.

Respecto a mis experiencias profesionales en diferentes proyectos con Antonio Canales, quiero destacar que fueron menos en cantidad, pero relativamente sencillos en términos de producción y de una calidad notable.

El FLAMENCO siempre ha sido y seguirá siendo una pieza indiscutible e imprescindible en mi riqueza musical, tanto en lo personal como en lo profesional.

4. Show de Andrea Bocelli en Azerbaiyán: una sinfonía inolvidable en Bakú

Hay eventos en la vida profesional que no solo marcan un antes y un después, sino que también se convierten en referentes para todas las futuras experiencias. Uno de esos momentos cumbre en mi carrera fue la oportunidad única de organizar un concierto para el mismísimo Andrea Bocelli en la mágica ciudad de Bakú (Azerbaiyán), y para una audiencia tan distinguida como el presidente del país. Este no fue simplemente un evento: fue una experiencia trascendental. En reuniones con amigos o familiares, siempre digo que Azerbaiyán es un país al que nunca se va, pero se estudia en el colegio. Pues bien, hoy en día puedo decir que he tenido el privilegio de trabajar en tres ocasiones en ese país, donde además tengo varios amigos.

Andrea Bocelli, con su voz icónica y su pasión innata por la música, ha sido un artista que siempre admiré. A través de los años, he tenido la fortuna de trabajar con él en múltiples ocasiones. Cada show, desde los recitales masivos con entradas agotadas en ciudades como Buenos Aires, Bogotá y Panamá, hasta los eventos más íntimos y exclusivos—como el de Azerbaiyán—,la dedicación y el compromiso de Bocelli con su arte ha sido una muestra del profesionalismo.
El evento en Bakú no fue simplemente un concierto, fue una sinfonía que trascendió la música. La combinación de la majestuosidad de Bocelli con la belleza arquitectónica y cultural de Bakú creó un ambiente mágico. La preparación fue meticulosa: cada detalle, desde la acústica del lugar, la iluminación, hasta la selección de las piezas musicales, fue cuidadosamente planeado para asegurar que el evento fuera digno de su audiencia y del artista.

La respuesta del público fue abrumadora. Ver al presidente y a todos los invitados rodeados por un sistema de seguridad, jamás visto por mí, junto con otros dignatarios y aficionados a la música emocionarse con las interpretaciones de Bocelli, fue una validación de todo el esfuerzo invertido. Fue un recordatorio de por qué hago lo que hago, y de la importancia de VIVIR por "AMOR AL ARTE".

Sin embargo, más allá de la noche mágica en Bakú, trabajar con Andrea Bocelli ha sido un viaje de aprendizaje continuo. Las giras en diferentes ciudades presentaron sus propios desafíos y aprendizajes. Desde entender las peculiaridades culturales y logísticas de cada lugar hasta adaptarse a las demandas de un evento de tal magnitud, cada experiencia fue única.

En Buenos Aires, la energía y pasión del público argentino se sintió desde el primer acorde. En Bogotá, la rica tradición musical del país añadió una dimensión adicional al concierto. Y en Panamá, la confluencia de culturas se reflejó en la diversidad del público. Aunque cada ciudad tenía su propio sabor y desafíos, la constante en todos estos eventos fue la magia de Bocelli y su capacidad para conectar con audiencias de todo el mundo y de todas las edades.

Estas experiencias, en su conjunto, no solo han sido hitos profesionales, sino que también han reforzado mi convicción en el poder del arte y la música para unir a las personas, trascendiendo fronteras y culturas.

5. La Gala de Inauguración del Parque Comercial Nevada Shopping en Granada: un hitazo local con reflejo nacional

Al reflexionar sobre los momentos más destacados en mi trayectoria en el mundo de los eventos y el entretenimiento, la inauguración del Parque Comercial Nevada Shopping se destaca no solo por su envergadura, sino por la profunda conexión emocional que sentí al realizarlo en mi ciudad natal. Este era un proyecto que numerosas empresas de España estaban detrás de producir. La competencia en conseguirlo no fue nada fácil. Granada ha sido siempre un lugar de inspiración y orgullo para mí, y contribuir a un proyecto tan grandioso en sus confines fue más que un trabajo: fue un regalo.

El Parque Comercial Nevada Shopping no es un centro comercial cualquiera. Es una monumental obra que ha redefinido el panorama comercial y social de

Granada. La fecha 22 de noviembre de 2016 está grabada con letras doradas en mi memoria. Ese día, lo que comenzó como un sueño tomó vida y se convirtió en el evento más hablado, no solo de la ciudad, sino de toda España.

Ser seleccionados, entre un conjunto de prestigiosas empresas, para llevar a cabo esta inauguración fue un testimonio del arduo trabajo y la reputación que mi empresa ha construido a lo largo de los años. Sabíamos que las expectativas eran altas y, por lo tanto, dejamos no solo nuestra experiencia y conocimiento en la producción, sino también el corazón y el alma.

El evento contó con un elenco estelar que representó lo mejor de la escena artística local y nacional. La presencia de voces icónicas como Estrella Morente y Merche, la carismática presentación de Carolina Cerezuela, las melodías cautivadoras de Ivet Vidal y Olga Romero, entre otros, crearon una atmósfera eléctrica.

Además, contar con la presencia como imagen de figuras de renombre como las coronadas de ese año con los títulos Miss Mundo, Miss España, Miss Granada y Miss Universo, añadió un brillo y glamour sin precedentes al evento. Hasta el último momento estuvimos negociando para haber tenido en este evento a Jennifer Lopez, Irina Shaik y a Noemi Campbell, pero finalmente las agendas no hicieron posible su participación en este evento.

Con una asistencia de más de 5000 personas, cada minuto del evento fue un ballet de precisión y pasión. Si bien la tecnología de mi teléfono me recordó que recorrí 22 km dentro del parque comercial toda esa jornada, y la anterior igual durante todos los preparativos, lo que no pode cuantificar fue la adrenalina, la emoción y la gratitud que sentí en cada paso.

Fue un maratón de ensueño coordinando con equipos, asegurándome de que cada detalle estuviera en su lugar, y viendo la visión transformarse en una realidad tangible.

La magia del evento resonó en todos los rincones del país. Los medios de comunicación se hicieron eco de este despliegue sin parangón, lo que subrayó aún más la magnitud del proyecto.

Para muchos, puede haber sido solo otro evento grandioso, pero para mí fue un testimonio de la pasión, la dedicación y el amor por el arte y la producción. Fue un recordatorio de que cuando trabajas con pasión y un propósito, los resultados trascienden las expectativas.

Es un recuerdo que no solo atesoro en mi memoria, sino que llevo en el corazón, porque representó una confluencia de mi amor por Granada, por el arte y por la excelencia en la producción.

6. El Traslado de Ikea Alcorcón: la grandeza en los detallesy el valor de la seguridad

A primera vista, el traslado de unas instalaciones principales de Ikea puede parecer un proceso logístico: una simple mudanza a una escala corporativa. Sin embargo, en la industria del entretenimiento y la producción de eventos sabemos que cada proyecto es una oportunidad para demostrar profesionalismo, capacidad y compromiso. Esta es la razón de que, incluso sin tratarse de una inauguración tradicional, el traslado de Ikea Alcorcón es una experiencia digna de ser destacada.

Ser elegidos entre cinco reconocidas empresas nacionales para gestionar este proyecto, fue un testimonio de la confianza que una multinacional de la talla de Ikea depositó en nuestra empresa después de un duro proceso de selección. Un honor que nos tomamos con suma seriedad y dedicación, especialmente al tratarse de un proceso tan delicado y visible para el público y la comunidad empresarial.

Al final, el traslado de Ikea Alcorcón no solo fue un éxito logístico y de producción, sino también una reafirmación de nuestra capacidad para manejar eventos con un enfoque en la seguridad y el profesionalismo. Esta experiencia, y muchas otras con Ikea y diferentes clientes, subraya la importancia de estar siempre preparados, sin importar el tamaño o la naturaleza del proyecto.

Fue una noche mágica digna para el recuerdo lo que vivimos allí en un evento corporativo sin precedentes, con fuegos artificiales, un catering de alta escuela y una diversidad musical que aún recuerdo con mucha intensidad. Todos los invitados disfrutaron hasta altas horas de la madrugada.

7. Los beats de Steve Aoki: unir culturas a través de la música electrónica

Hay momentos en una carrera que, a pesar de haber vivido cientos de experiencias, permanecen brillantemente destacados en la memoria, ya sea por su magnitud, por el desafío o simplemente por el puro placer de haberlo experimentado. Los shows de Steve Aoki en Guatemala y Costa Rica son esos momentos para mí.

Steve Aoki no es solo un DJ; es una experiencia explosiva. Si bien es reconocido por su música y por ser una figura emblemática en festivales gigantescos como Tomorrowland, hay algo más que distingue a Aoki: su icónica costumbre de lanzar tartas al público. Podría parecer algo trivial para quienes no están familiarizados con él, pero para los fanáticos es un ritual, una conexión entre el artista y su audiencia que no solo es esperada, sino deseada. No es simplemente recibir una tarta en la cara; es ser parte de algo más grande, una interacción que simboliza la naturaleza impredecible y festiva de la música electrónica.

Trabajar con Steve Aoki ha sido un viaje. Cada show es un despliegue de energía, luces, sonido y, por supuesto, tartas. Pero detrás de esa imagen de fiesta constante, hay un equipo de trabajo increíblemente disciplinado. Su equipo de producción trabaja meticulosamente, atendiendo cada detalle para garantizar que cada show sea único e inolvidable.

El mundo de los DJ, en especial a nivel internacional, es un negocio en crecimiento que a menudo se subestima. No es simplemente presionar 'play' y dejar que la música hable por sí misma. Es una combinación de arte, técnica, logística y una comprensión profunda de la audiencia. El arte de ser DJ va más allá de mezclar canciones; es crear un viaje auditivo, una experiencia que transporte a la audiencia a un lugar de euforia colectiva.

Al organizar los shows en Guatemala y Costa Rica, me sumergí en la cultura vibrante y apasionada de América Central. Cada país, aunque unido por el amor a la música electrónica, tiene su propia esencia y particularidades. Comprender y adaptarse a estos matices fue esencial para garantizar el éxito de los eventos.

Ahora, mientras escribo esto y reflexiono sobre la posibilidad de un próximo tour, me emociona pensar en las futuras aventuras con Steve Aoki y su equipo. Es una colaboración que ha demostrado que, a través de la música electrónica, podemos cruzar fronteras, conectar culturas y crear experiencias que perduren en la memoria colectiva.

En el mundo del show business no hay nada más gratificante que ver a miles de personas unidas, celebrando, bailando y, en el caso de Steve Aoki, esperando con ansias ese dulce impacto de una tarta en el rostro. Es un recordatorio de que, a pesar de todas las complejidades y desafíos de organizar eventos de esta magnitud, vivimos realmente por "AMOR AL ARTE".

8. Noche Inolvidable en St. Barts con Enrique Iglesias y DJ Tiësto

El mundo del entretenimiento es extenso y diverso, pero hay ciertos momentos que se destacan no solo por su magnitud, sino por el desafío, la emoción y la satisfacción que conllevan. Uno de esos momentos fue la organización de un show privado en St. Barts, una joya caribeña conocida por su exclusividad y opulencia, con el renombrado artista Enrique Iglesias.

St. Barts, con sus playas de arena blanca y sus aguas cristalinas, sirvió como telón de fondo perfecto para un evento que se grabaría en la memoria de todos los presentes, que fueron apenas 80 personas. Pero no fue solo el escenario lo que hizo especial esa noche del 31 de diciembre de 2005; fue la combinación de la magia de Enrique Iglesias, el alma del flamenco con artistas que llevamos allí para dejar ese toque españa y la energía inconfundible del DJ Tiësto. Todo esto convergió en el club Nikki Beach, convirtiendo ese espacio en el epicentro del entretenimiento mundial esa noche.

La confianza es fundamental en el mundo de los eventos. Y organizar un espectáculo de esta magnitud en un lugar tan exclusivo requiere no solo habilidades profesionales, sino también una relación de confianza mutua con el cliente. Y ese cliente, aunque privado, era lo suficientemente conocido como para comprender la relevancia de un espectáculo de esta envergadura. Fue una responsabilidad inmensa: una que mi equipo y yo asumimos con entusiasmo y dedicación.

Fue una noche de ensueño, donde cada detalle estaba meticulosamente planeado. Desde el sonido e iluminación hasta la elección de los artistas que se presentarían antes y después del acto principal. Los vibrantes ritmos flamencos calentaron la noche, preparando al público para la estrella principal: Enrique. Y, por supuesto, Tieësto, con su habilidad para leer a la multitud, cerró la noche llevando al público a un viaje musical que duró hasta las primeras luces del amanecer.

Recuerdo esa noche no solo por la música y el baile, sino también por las lecciones aprendidas. Cada evento es una oportunidad para crecer, aprender y mejorar. Y ese evento en St. Barts fue un claro ejemplo de ello.

La noche ya había caído sobre St. Barts, y el aire estaba cargado de expectación. Enrique Iglesias y DJ Tiësto habían dejado su huella, y el club Nikki Beach se había transformado en un santuario de arte y emoción. Pero mientras el público se sumía en la música y la magia del momento, yo tenía algo más en mente.

En mi bolsillo, envuelto en papel de regalo elegante, yacía un bolígrafo Montblanc. Era un regalo destinado a mi cliente, un señor árabe de renombre con una estructura multinacional. Pero el destino tenía otros planes; mi cliente se marchó antes de que pudiera entregárselo.

Entonces, en un giro inesperado, decidí regalárselo al director financiero de su imperio. Al entregarle el paquete, sus ojos se iluminaron con una mezcla de sorpresa y gratitud. "Yo también tengo algo para ti", me dijo, extendiendo un sobre cerrado hacia mí. Por cortesía, decidí no abrirlo en ese momento y lo guardé cuidadosamente en mi chaqueta.

Más tarde, solo en la privacidad de mi habitación de hotel, rompí el sello del sobre. Al abrirlo, me encontré con un regalo que me dejó sin aliento: 10.000 dólares en efectivo. Era más que un simple acto de generosidad; era un reconocimiento, una forma de agradecimiento que iba más allá de las palabras. En ese instante, comprendí que la verdadera magia de esa noche no residía solo en la música o en el escenario espectacular, sino en esos pequeños gestos de humanidad que nos conectan de formas inesperadas.

Esa noche en St. Barts no solo quedó grabada en mi memoria por su grandeza artística, sino también por la lección invaluable que me ofreció: en un mundo donde todo se mide en términos de éxito y cifras, son esos momentos de conexión genuina y gratitud los que realmente cuentan.

Y así, cada vez que miro hacia atrás en esa noche inolvidable, me doy cuenta de que el verdadero valor no siempre se encuentra en los focos y los aplausos, sino en los lazos invisibles que tejemos cuando nadie está mirando.

En mi carrera, he tenido el honor de trabajar con innumerables artistas y en diversas locaciones. Pero esa noche en St. Barts con Enrique Iglesias sigue resplandeciendo como un faro, recordándome porqué me dedico a este mundo: porque vivo y respiro por "amor al arte".

9. Pastora Soler

Una luminaria en el mundo de la música, Pastora Soler ha sido una colaboradora excepcional en mi carrera profesional. Su talento innegable y su voz conmovedora han llevado su arte a lo más alto en nuestro país y más allá de nuestras fronteras. Sin duda, trabajar junto a ella ha sido una experiencia única que ha dejado una impresión indeleble en mi vida. Hoy en día somos incluso buenos amigos. Hemos compartido experiencias innumerables en España, pero también en Ecuador y Marruecos.

Pastora no solo es una artista talentosa, sino que también es una persona excepcionalmente humilde y comprometida. Su dedicación incansable a su arte se refleja en cada una de sus actuaciones, donde brinda lo mejor de sí misma a su audiencia. Esta pasión y entrega son cualidades que admiro profundamente en ella.

A lo largo de nuestra colaboración, he tenido la oportunidad de ser testigo de la magia que lleva al escenario. Su capacidad para conectar emocionalmente con su público es asombrosa, y cada actuación es un viaje emocional que deja una profunda huella en quienes tienen el privilegio de presenciarla.

Más allá de su éxito en el mundo de la música, Pastora Soler es un ejemplo de perseverancia y autenticidad. Su música trasciende las barreras lingüísticas y culturales, tocando los corazones de personas de todo el mundo.

Colaborar con Pastora Soler ha sido una experiencia enriquecedora y ha contribuido significativamente a mi crecimiento personal y profesional. Es un honor contar con su amistad y haber tenido la oportunidad de trabajar junto a una artista de su calibre. Su legado perdurará en la historia de la música y estoy agradecido por haber sido parte de su camino artístico.

10. Montserrat Caballé

Una leyenda indiscutible de la ópera Montserrat Caballé ha sido una de las colaboraciones más honorables en mi carrera. Su gracia y destreza vocal son incomparables, y trabajar con ella fue un privilegio que me permitió apreciar la verdadera belleza de la música clásica. Sin embargo, lo que hace que mi tiempo con Montserrat Caballé sea aún más memorable es su inigualable sentido del humor. Esta gran artista tenía la capacidad de encontrar alegría y diversión en los momentos más inesperados. Recuerdo con cariño una anécdota bastante graciosa que tuvo lugar durante un evento corporativo para una empresa multinacional.

En ese evento, los tiempos estaban extremadamente ajustados, y Montserrat se entretenía mucho conversando entre canción y canción. Para evitar decirle en público que debíamos recortar una canción debido a las limitaciones de tiempo, me acerqué discretamente al escenario con un vaso de agua para hablarle al oído. Le mencioné que debíamos terminar, pero lamentablemente no fui lo suficientemente eficaz en mi propósito, y ella, con su ingenio característico, aprovechó la situación y preguntó en voz alta: "Manuel, ¿qué me has dicho? No te he escuchado bien".

Esta divertida situación nos hizo reír a carcajadas durante la cena que siguió al evento, en las inmediaciones del Palacio de Liria, donde tuvo lugar la actuación. Recuerdo perfectamente aquella cena, sentado frente a un cuadro de la duquesa de Alba respirando en ese ambiente de esa familia tan memorable.

Mi relación con Montserrat Caballé no se limitó al escenario. Tuve el privilegio de pasar tiempo con su familia, incluyendo a su hija Montse (Montsita), a su sobrina Montse (Montseca), a su hermano Carlos y a otros artistas cercanos, como Ricardo Estrada y Jordi Galán. Estos momentos compartidos no solo enriquecieron mi vida profesional, sino también mi vida personal.

Fueron encuentros llenos de anécdotas, risas y conversaciones inspiradoras donde pude apreciar la calidez y la humanidad de Montserrat Caballé y su influencia en todos los que la rodeaban.

Montserrat Caballé no solo dejó una huella imborrable en el mundo de la música, sino también en el corazón de quienes tuvimos el honor de conocerla y trabajar a su lado. Su legado artístico y su espíritu jovial perdurarán en nuestra memoria, recordándonos la importancia de encontrar la alegría en cada momento de la vida.

11. José Carreras

Sin lugar a dudas, José Carreras es uno de los tenores más prominentes y admirados en el ámbito musical a nivel mundial. Su tenacidad y dedicación a lo largo de su carrera son un testimonio de su espíritu indomable. Tuve el honor de colaborar con él en varios proyectos memorables que abarcaron diferentes continentes y que dejaron una huella imborrable en mi trayectoria profesional.

Uno de los momentos cumbre de nuestra colaboración fue el concierto que produjimos en Adrogué (Argentina) en el año 2011. Este evento fue monumental, ya que reunió a una impresionante audiencia de 120.000personas de manera simultánea. Además, fue transmitido por la televisión nacional argentina, lo que amplió su alcance aún más. Recuerdo ese momento con un asombro constante, ya que poder disfrutar del trabajo de meses sentado junto al público es algo que no se da con frecuencia en nuestra industria.

La voz de José Carreras es una maravilla innegable, y trabajar con él siempre fue un privilegio. Su exquisita interpretación de la música conmueve profundamente a quienes tienen la suerte de escucharlo. Hemos compartido proyectos no solo en Argentina, sino también en otros rincones del mundo.

En México, tuvimos la oportunidad de llevar a cabo un evento musical que dejó una huella duradera en la memoria de los asistentes. Cada presentación de José Carreras es una lección magistral de arte y pasión.

Otro recuerdo destacable es nuestro concierto en Tailandia en el año 2019. En un hermoso teatro, nos encontramos en una situación única: tuvimos que esperar durante más de una hora la llegada del rey de Tailandia y su esposa antes de iniciar el espectáculo.

Esto significó que la orquesta de 65 músicos estuvo en el escenario, el público en sus butacas, y todos estábamos en vilo aguardando la llegada del monarca.

Además, en Tailandia, se considera una falta de respeto dar la espalda al rey. Por lo tanto, José Carreras se retiraba del escenario en cada una de sus intervenciones caminando hacia atrás, en un acto de profundo respeto hacia las reglas y la cultura del país anfitrión.

Estos momentos compartidos con José Carreras en distintos rincones del mundo son recuerdos que atesoro con gratitud. Su talento excepcional, su profesionalismo y su capacidad para adaptarse a situaciones únicas son un testimonio de su grandeza como artista y como ser humano. Colaborar con él ha sido una experiencia enriquecedora que ha dejado una marca indeleble en mi carrera profesional y en mi aprecio por la música.

12. GIPSY KINGS by André Reyes: un viaje flamenco sin fronteras

Hay bandas que trascienden géneros, generaciones y fronteras. Gipsy Kings by André Reyes es indudablemente una de ellas. Desde que asumí el rol de manager de la banda en 2019, cada día ha sido una aventura llena de ritmo, pasión y aprendizaje. Pocas bandas en la historia de la música pueden afirmar haber fusionado tradición y modernidad con la destreza y autenticidad de Gipsy Kings.

La música de Gipsy Kings es una fusión de flamenco, rumba, salsa y pop. Es esa clase de música que, independientemente de tu origen o lengua, llega directamente al corazón. Es música que hace que los pies se muevan por sí solos, que provoca un deseo irrefrenable de bailar. No es una sorpresa que hayan logrado capturar el espíritu de generaciones, desde aquellos que los descubrieron en los años 80 y 90, hasta los jóvenes de hoy que sienten la misma conexión con su vibrante música.

Trabajar junto a ellos es entender que el éxito no viene de la fama o el reconocimiento, sino de la conexión con el público. En cada concierto, en cada gira, es evidente cómo su música toca profundamente el alma de sus fans. Las ovaciones, las lágrimas y los cantos en coro son la prueba viviente de que Gipsy Kings no es solo una banda, sino un fenómeno cultural.

Sin embargo, como manager, también he sido testigo de los desafíos que conlleva mantener una banda de esta magnitud. Desde la coordinación logística hasta los desafíos interpersonales, cada día es una nueva lección. He vivido momentos de inmensa alegría, pero también he tenido que enfrentar imprevistos y accidentes que pusieron a prueba nuestra resiliencia y adaptabilidad.

Hablar de Gipsy Kings es hablar de un legado musical que ha trascendido décadas. Es hablar de canciones que se han convertido en himnos. Es hablar de conciertos que son experiencias transformadoras. Pero también es hablar de una familia musical con sus altibajos, con sus risas y desacuerdos.

Es cierto que podría llenar páginas y páginas con anécdotas, lecciones y experiencias vividas junto a esta banda. Cada concierto, cada ciudad y cada encuentro con fans ha sido una historia en sí misma. Tal vez, en el futuro, dedique un libro exclusivamente a estos gitanos franceses que han marcado una era en la música mundial.

Por ahora, me siento agradecido y privilegiado. Agradecido por cada melodía, cada aplauso, y cada momento compartido. Me siento privilegiado, porque ser parte del viaje musical de Gipsy Kings es vivir por "AMOR AL ARTE".
Esta es solo una pequeña muestra de algunos los eventos en los que he tenido el privilegio de trabajar a lo largo de mi carrera.

No quiero dejar pasar la oportunidad de compartir públicamente algunos de otros talentos con los que he tenido el placer de trabajar a lo largo de mi carrera, ya que estos artistas son realmente especiales para mí. Además, creo firmemente que el reconocimiento y el aprecio público hacia estos artistas es una forma de honrar su dedicación y talento, así como de inspirar a otros a explorar y apreciar su trabajo.

Cada uno de ellos, sin saberlo, han contribuido significativamente a mi crecimiento personal y profesional, dejando una marca en mi vida y en el sector en el que trabajamos.

Juan Magán: Un líder innegable de la música electrónica y el reggaeton , Juan Magán ha tenido un impacto imborrable en la audiencia joven. Colaborar con él es un viaje constante de exploración de nuevos géneros y tendencias. Su creatividad es una fuente inagotable de inspiración.

Kika Quesada: Todo el que me conoce sabe que Kika no es solo una grandísima profesional del género flamenco, sino que para mí es una gran amiga. Con ella he compartido innumerables momentos y vivencias a lo largo de muchos años, convirtiéndose en una persona extraordinaria que ha enriquecido mi vida de innumerables maneras. En el ámbito profesional, Kika brilla en el escenario, llevando consigo una elegancia y un carisma que cautivan a todo el que la conoce. Su habilidad para expresar emociones a través de la danza es excepcional y conmovedora.

Rosario Flores: Recordar los conciertos que hemos realizado juntos en Miami, Guatemala, Lima, Guayaquil, Orlando, Houston, siempre me llena de gratos recuerdos. Rosario es una artista que comienza sus conciertos desde lo más alto y lo que hace a continuación es pura magia. Es un verdadero talento que lleva a su audiencia hacia un viaje emocional que culmina en una explosión de energía. Su habilidad para conectar con el público es asombrosa y su carisma es incomparable. Imposible recordar la de horas invertidas en pre-producción junto a José Luis Mauri, su agente internacional a quien estaré siempre agradecido por ese primer concierto que me confió —sin necesitarme—, pero que tantas puertas me abrió. Hoy somos íntimos amigos y colaboramos en diversos proyectos con una sola condición: no necesitamos firmar un contrato.

Ana Torroja: La primera vez que trabajé con Ana en Miami fue una experiencia alucinante. Verla en el escenario, en un concierto que yo mismo organizaba, me llenó de orgullo y felicidad. Ella fue la voz icónica de Mecano, y recordarla viéndola en un escenario en un show masivo en mi ciudad natal hace años fue un sueño hecho realidad, ese fue mi primer concierto y lo recuerdo con mucho cariño y emoción. Hemos tenido la oportunidad de trabajar juntos en varios conciertos, pero quiero destacar Quito y Guayaquil, entre otros. Cada vez que colaboramos, es un recordatorio de su influencia en la música española y de mi agradecimiento por ser parte de su historia mi especial agradecimiento también a su manager Rosa Lagarrigue.

Diego El Cigala: La perfección que Diego El Cigala demuestra en un concierto en vivo es asombrosa. He tenido la oportunidad de producir numerosos conciertos suyos, y nunca deja de impresionarme. Su estilo es anárquico en el mejor sentido, ya que rompe las reglas y crea una experiencia única en cada actuación. Es el desorden perfecto. Siempre está lleno de alegría y su ejecución es impecable, pero lo que realmente destaca es su capacidad para transmitir emociones profundas a su audiencia.

Enrique Morente: Aunque ya no está con nosotros, sigue muy presente en el panorama Flamenco Internacional, igual que sucede con Paco de Lucía. Me estoy dando cuenta de que me es prácticamente imposible escribir la palabra Flamenco sin la letra 'F' en mayúscula. El fallecimiento de Enrique Morente me impactó profundamente. Era un gigante en el mundo del Flamenco y lo recordaré como tal. Más allá de su música, las charlas que compartíamos durante las cenas y los almuerzos eran reveladoras. Era un hombre culto, sensible y preocupado por el bienestar de todos. Su legado en la música es innegable, y su influencia perdurará.

Marta Sánchez: Marta es indudablemente una diva del pop, pero también es una de las artistas más autoexigentes que he conocido. Su éxito no es casualidad, sino el resultado de una combinación de talento y dedicación. Lo que he presenciado en los numerosos eventos que hemos producido juntos demuestra su perfección y su compromiso en todos los niveles. Su presencia en el escenario es impresionante y su voz tiene el poder de conectarse de manera única con la audiencia.

María Toledo: es una figura impresionante en el mundo del flamenco y es un placer haber tenido la oportunidad de producirla en varios lugares tan interesantes como el Líbano, Rabat y el desierto del Sáhara (Marruecos) además de, por supuesto, en España. Su disciplina y exigencia son admirables.

Virginia Tola: como gran merecedora del galardón de Concurso Internacional Operalia, organizado y creado por Plácido Domingo, es una soprano de gran calibre. Es maravilloso haber tenido la oportunidad de conocerla profesionalmente y también haber cosechado una amistad cercana. Su nivel vocal infinito y su elegancia son cualidades que enriquecen todas las experiencias compartidas con ella.

Eugene Kohn: Trabajar con Eugene ha sido una ventana abierta al mundo complejo y emocionante de la dirección orquestal. Este neoyorquino, que habla ocho idiomas y ha dirigido para leyendas como Plácido Domingo y Andrea Bocelli, me ha enseñado que dirigir una orquesta no es solo una cuestión de técnica, sino también de psicología.

Recordaré siempre nuestra colaboración en Cartagena de Indias en 2009 durante un concierto con Plácido Domingo como una lección magistral en adaptabilidad y liderazgo. Nos encontramos con una orquesta compuesta en gran parte por jóvenes, y muchos de ellos tenían instrumentos en condiciones menos que ideales. Eugene no solo aceptó el desafío, sino que lo transformó en una experiencia emocionalmente enriquecedora para todos los involucrados. Con su dirección, aquella orquesta no solo sonó —sino que vibró—, y el evento se convirtió en un hito en mi comprensión de lo que significa extraer la excelencia de los recursos disponibles.

A menudo nos encontramos recordando aquel concierto: para ambos fue más que un éxito, fue una transformación. Eugene me ha demostrado que no siempre necesitas de la Royal Philharmonic Orchestra para crear magia musical; a veces, solo necesitas el tipo correcto de liderazgo y una profunda comprensión de la música y las emociones humanas para convertir cualquier escenario en un espacio para la excelencia. Gracias a él he aprendido lecciones invaluables que han ampliado mi entendimiento sobre la música y el arte de la actuación. Incluirlo en este libro es mi forma de rendir homenaje a su genialidad y a las lecciones que me ha enseñado.

Estos artistas no solo son talentosos y exitosos, sino que también han dejado una marca indeleble en mi vida profesional y personal. Cada uno de ellos ha enriquecido mi carrera de manera única, y estoy agradecido por haber tenido la oportunidad de colaborar con estos grandes nombres de la música. Me han inspirado para lograr posicionarme en la industria del entretenimiento y me han recordado la importancia de la autenticidad y la dedicación en todo lo que hacemos.

Saber nutrirse de los profesionales que nos rodean es una clave fundamental para nuestro crecimiento en todos los aspectos de la vida: profesional, personal y humano. Tener un entorno talentoso es una fuente inagotable de oportunidades para aprender y mejorar

NOTAS DEL LECTOR ↘

15 PUNTOS IMPRESCINDIBLES. PARTICULAR MISCELÁNEA.

CAPÍTULO 09

1. Conocimiento del público: cómo comprender y conectar con tu audiencia para ofrecer experiencias significativas

El conocimiento del público es una parte esencial para el éxito en el sector del entretenimiento. Para comprender y conectar con tu audiencia de manera significativa, debes considerar los siguientes puntos:

1. **Investigación y análisis:** Realiza investigaciones exhaustivas para comprender las preferencias, necesidades y deseos de tu público objetivo. Analiza datos demográficos, psicográficos y comportamientos de consumo para obtener información valiosa.

2. **Segmentación:** Divide a tu audiencia en segmentos más pequeños para personalizar tus ofertas y mensajes según sus características únicas. Esto te permitirá crear experiencias más relevantes y atractivas.

3. **Escucha activa:** Establece canales de comunicación bidireccionales para escuchar a tu audiencia. Utiliza redes sociales, encuestas, comentarios y todos los medios a tu alcance para recopilar opiniones y retroalimentar cada experiencia y utilizar ese know how mejorando cada momento anterior de manera constante.

4. **Adaptación a las tendencias:** Mantente al tanto de las tendencias y modas actuales en el mundo del entretenimiento. Asegúrate de adaptarte a las preferencias cambiantes de tu audiencia mientras mantienes la autenticidad de tu propuesta artística.

5. **Experiencia del cliente:** Diseña experiencias que superen las expectativas de tu audiencia. Considera todos los aspectos, desde la primera interacción hasta el seguimiento posterior al evento. La satisfacción del cliente es clave para el éxito a largo plazo.

6. **Aprendizaje continuo:** Analiza los eventos y proyectos pasados para identificar lo que funcionó y lo que no. Aprende de tus éxitos y fracasos para perfeccionar tus estrategias en el futuro.

7. **Comunicación constante:** Establece canales de comunicación abiertos y constantes con tu audiencia. Utiliza redes sociales, boletines informativos y otros medios para mantener a tus seguidores informados sobre tus actividades y proyectos.

8. **Retroalimentación directa:** Anima a tu audiencia a proporcionar comentarios y opiniones sobre sus experiencias. Esto te brindará información valiosa para mejorar y adaptar tus futuros proyectos.

9. Medición del Éxito: Define métricas claras para medir el éxito de tus proyectos. Esto te permitirá evaluar de manera objetiva la efectividad de tus estrategias y ajustarlas según sea necesario.

10. Innovación continua: Utiliza el conocimiento adquirido para innovar constantemente y ofrecer nuevas experiencias emocionantes. Mantener a tu audiencia comprometida y emocionada garantizará su lealtad a largo plazo.

Recuerda que la autenticidad y la pasión por el arte son fundamentales para crear conexiones genuinas con tu audiencia. Al comprender sus necesidades y aspiraciones, podrás ofrecer experiencias únicas y significativas que te diferencien en el competitivo mundo del entretenimiento.

2. Innovación constante y disrupción: la necesidad de estar en constante evolución para mantenerse relevante en un entorno cambiante

El mundo del entretenimiento es un campo dinámico y en constante transformación, donde la clave para el éxito radica en la capacidad de innovar de manera constante y abrazar la disrupción. La industria está marcada por rápidos avances tecnológicos, cambiantes preferencias del público y nuevas formas de consumo de contenido. Mantenerse relevante en este entorno requiere una mentalidad abierta hacia la innovación y la disposición para abrazar el cambio en todas las etapas de desarrollo y producción.

En un mundo donde la única constante es el cambio, la innovación y la disrupción se convierten en piedras angulares para el éxito en el sector del entretenimiento. Aquellos que abrazan la creatividad y la adaptabilidad no solo sobreviven, sino que prosperan en un entorno en constante evolución. La disposición para cuestionar las normas establecidas, experimentar con nuevas tecnologías y abordar audazmente desafíos desconocidos, es lo que define a los verdaderos líderes en este campo.

La innovación no solo se limita a la tecnología, también implica explorar nuevas formas de contar historias, crear experiencias únicas y conectar emocionalmente con el público. Al mantener una mentalidad abierta, aprender de los fracasos y abrazar el aprendizaje continuo, se establece el escenario para un negocio del entretenimiento que trasciende las expectativas y continúa inspirando a audiencias de todas las edades.

En última instancia, la innovación y la disrupción no son solo estrategias comerciales, son un reflejo del amor por el arte y la pasión por entregar experiencias memorables. El futuro del entretenimiento es ilimitado para aquellos que están dispuestos a abrazar la evolución constante y a transformar cada desafío en una oportunidad para crear algo verdaderamente extraordinario.

3. Marca personal: construcción de una marca sólida para destacar en la industria

En el competitivo mundo del entretenimiento, la construcción de una marca personal sólida es esencial para destacar y establecer una conexión significativa con el público. Una marca personal no se trata solo de logotipos y colores; es la percepción que los demás tienen de ti y de tu trabajo. Es el reflejo de tu autenticidad, de tus valores y de la promesa que haces a tu audiencia. Construir una marca personal efectiva es un proceso que requiere autoconciencia, coherencia y estrategia.

En el proceso de construcción de una marca personal sólida, es esencial contar con recursos valiosos que guíen e inspiren. Una de las fuentes que no puede pasarse por alto es el libro De Invisible a Invencible" de Vilma Núñez. Como escritora, emprendedora y conferenciante, Vilma Núñez comparte su experiencia y conocimientos en este libro, ofreciendo consejos prácticos y estrategias efectivas para transformar una marca personal.

Su enfoque actualizado y perspicaz encaja perfectamente con los conceptos que exploramos en este capítulo. La obra de Vilma no solo proporciona un mapa detallado para crear una marca personal auténtica y poderosa, sino que también ilustra cómo aplicar estos principios en el mundo real. Al incorporar su visión en nuestro viaje hacia la construcción de una marca personal exitosa en el sector del entretenimiento, estamos tomando ventaja de una herramienta esencial que puede marcar la diferencia en nuestro camino hacia el éxito.

Ejemplos de construcción de marca personal:

1. Identidad visual coherente: Tener una identidad visual coherente, que incluya un logotipo distintivo y un estilo visual único puede ayudar a crear una imagen sólida y reconocible. Un buen ejemplo es el diseño minimalista y el icónico swoosh de Nike.

2. Narrativa personal compelling: Contar tu historia de manera convincente puede ayudarte a conectar emocionalmente con tu audiencia. Oprah Winfrey, por ejemplo, ha construido una marca personal basada en su historia de superación y empoderamiento personal.

3. Consistencia en las plataformas: Mantener la coherencia en todas las plataformas de comunicación, desde las redes sociales hasta el sitio web, refuerza la imagen de marca. Gary Vaynerchuk es conocido por su presencia constante y auténtica en redes sociales.

Conclusiones:

En el mundo del entretenimiento, la construcción de una marca personal sólida es un activo invaluable. Más allá de la imagen superficial se trata de autenticidad y compromiso con tu audiencia. Al establecer una marca personal, estás dejando una impresión duradera y construyendo relaciones genuinas con aquellos que valoran tu trabajo.

La construcción de marca personal es un viaje que evoluciona con el tiempo. Requiere autoevaluación, adaptación a las cambiantes expectativas del público y el compromiso de mejorar constantemente. Cuando tu marca personal refleja tus valores y pasiones auténticas, te conviertes en una figura influyente que puede inspirar, educar y entretener a otros.

La construcción de una marca personal sólida es una inversión en tu propio éxito y en la posibilidad de dejar una huella duradera en la industria del entretenimiento. Al construir una identidad única y genuina, te posicionas como un líder en tu campo y abres puertas a oportunidades que van más allá de la fama y se centran en el impacto duradero que puedes tener en la vida de las personas.

4. Gestión de riesgos y miedos: abordar los desafíos y riesgos que conlleva el negocio del entretenimiento

El mundo del entretenimiento es apasionante y está repleto de oportunidades, pero también está acompañado por desafíos y riesgos inherentes que requieren una gestión eficiente. A continuación, exploraremos diez ejemplos de los riesgos y miedos comunes en este sector y cómo abordarlos:

1. **Inversión financiera:** Organizar eventos y proyectos en el sector del entretenimiento implica inversiones significativas. La falta de público o el fracaso en la taquilla pueden generar pérdidas financieras considerables. La gestión adecuada de presupuestos, la diversificación de fuentes de financiamiento y la planificación de contingencias ayudan a mitigar este riesgo.

2. **Cambios en las tendencias:** La evolución constante de las preferencias del público puede hacer que un concepto exitoso quede obsoleto. Mantenerse actualizado con las tendencias y estar dispuesto a adaptar y reinventar proyectos es esencial para mantener la relevancia.

3. **Competencia feroz:** La industria del entretenimiento es altamente competitiva. Si deseas destacar entre la multitud debes aportar propuestas únicas y estrategias de marketing efectivas que resalten la propuesta de valor.

4. **Problemas logísticos:** La logística de eventos, desde la gestión de espacios hasta la seguridad, puede presentar desafíos imprevistos. Una planificación minuciosa y un equipo experimentado son fundamentales para prevenir y resolver problemas.

5. **Cancelaciones y postergaciones:** Factores impredecibles como condiciones climáticas adversas, problemas de salud de artistas o crisis pueden llevar a cancelaciones o postergaciones de eventos. Contar con seguros adecuados y políticas de reembolso claras es crucial para manejar estas situaciones.

6. **Expectativas del público:** Las altas expectativas del público pueden aumentar la presión para ofrecer experiencias de alta calidad. Mantener la coherencia en la entrega y superar las expectativas puede fortalecer la reputación.

7. **Críticas y opiniones negativas:** En el mundo del entretenimiento, las críticas son inevitables. Aprender a manejar críticas constructivas y convertir las negativas en oportunidades de mejora es una habilidad esencial.

8. **Problemas de derechos de autor:** Utilizar contenido protegido sin permiso puede provocar litigios costosos. Conocer y respetar las leyes de propiedad intelectual es crucial para evitar conflictos legales.

9. Presión emocional: La industria del entretenimiento puede ser emocionalmente agotadora debido a horarios intensos y expectativas elevadas. Practicar el autocuidado y contar con un sistema de apoyo es esencial para mantener un equilibrio saludable.

10. Cambios tecnológicos: La tecnología cambia rápidamente y puede impactar la forma en que se consumen y producen contenidos. Adaptarse a las nuevas plataformas y formatos puede ser desafiante, pero también abre nuevas oportunidades creativas.

La gestión de riesgos y miedos en el mundo del entretenimiento es un componente esencial para un negocio sólido y exitoso. Si bien los desafíos pueden ser intimidantes, también presentan oportunidades para el crecimiento y aprendizaje. Al abordar estos desafíos con una mentalidad resiliente y una estrategiaconsistente, podemos construir una base sólida para nuestras empresas y proyectos en el sector del entretenimiento.

El valor de superar estos obstáculos no solo se traduce en logros profesionales, sino en una sensación de satisfacción al convertir nuestras pasiones en realidades exitosas.

5. Adaptabilidad: cómo ajustarse a diferentes culturas y mercados en los diversos países

En el emocionante mundo del entretenimiento, la adaptabilidad es una cualidad esencial para lograr el éxito en diferentes culturas y mercados alrededor del mundo. Aquí exploraremos cómo abordar la adaptabilidad con ejemplos concretos:

1.Investigación cultural profunda: Antes de entrar en un nuevo mercado, es fundamental realizar una investigación exhaustiva sobre las preferencias culturales y las sensibilidades locales.

2. Idioma y comunicación: Ajustar el contenido y las comunicaciones en el idioma local es crucial para conectar con la audiencia. Esto puede implicar

doblaje, subtitulado o incluso cambios en el estilo de comunicación en redes
sociales para que sean relevantes y accesibles.

3. **Sensibilidad a las costumbres:** Reconocer y respetar las costumbres y
festividades locales es vital para evitar ofender a la audiencia. Un ejemplo es
programar eventos o lanzamientos de productos que no coincidan con días
sagrados o festivos en ese país.

4. **Diversidad de contenido:** Las preferencias de entretenimiento pueden variar
ampliamente entre diferentes regiones. Adaptar el contenido para satisfacer
una amplia gama de gustos y estilos puede ayudar a ganar una audiencia más
diversa.

5. **Colaboraciones locales:** Trabajar con artistas, creadores y profesionales
locales puede proporcionar perspectivas auténticas y abrir puertas en el
mercado. Una colaboración con músicos locales, por ejemplo, puede dar un giro
único a un concierto.

6. **Plataformas de distribución:** Las plataformas de entretenimiento pueden
variar en diferentes países. Asegurarse de que el contenido esté disponible en
las plataformas populares y accesibles en esa región es esencial para llegar a
la audiencia.

7. **Ajustes de horarios:** Diferentes zonas horarias pueden afectar la asistencia
a eventos en vivo o la sintonización de programas. Planificar cuidadosamente
los horarios para maximizar la participación local es crucial.

8. **Promoción estratégica:** Las estrategias de marketing y promoción deben
adaptarse a la mentalidad y las tendencias del mercado local. Las campañas de
publicidad que resuenen con la audiencia local son más efectivas.

9. **Sensibilidad política y social:** Algunos temas pueden ser sensibles en
ciertas culturas o regiones. Evitar controversias y adaptar el contenido para
respetar las leyes y normas locales es esencial.

10. **Flexibilidad creativa:** Mantener una mente abierta y estar dispuesto a
modificar el enfoque creativo para satisfacer las expectativas locales. Esto
puede implicar ajustes en el estilo de narración o la dirección artística.

La adaptabilidad es una poderosa herramienta en el mundo del entretenimiento.
Permite no solo llegar a audiencias globales, sino también conectarse
profundamente con diferentes culturas y mercados. Al abrazar la adaptabilidad,
creamos puentes entre fronteras y enriquecemos nuestras propias perspectivas.
Esta habilidad no solo es esencial para el éxito comercial, sino que también
es una manifestación de respeto y aprecio por la diversidad del mundo que
nos rodea. En última instancia, la adaptabilidad nos impulsa a ser ciudadanos
globales y creativos excepcionales en un mundo en constante evolución.

6. Empoderamiento artístico: cómo apoyar a los artistas para que sigan su visión creativa

En el vibrante mundo del entretenimiento, el empoderamiento artístico se convierte en un faro que guía la creación y la innovación. Aquí exploraremos cómo podemos apoyar a los artistas para que sigan su visión creativa, al mismo tiempo que respaldamos su talento y originalidad:

Fomentar la autenticidad: Es fundamental brindar a los artistas la libertad de expresar su visión personal. Proporcionarles un espacio donde puedan ser auténticos y explorar ideas fuera de lo convencional es esencial para su crecimiento creativo.

Colaboraciones significativas: Facilitar colaboraciones entre artistas de diferentes disciplinas o culturas puede llevar a la creación de obras únicas y poderosas. Unir a un músico con un coreógrafo o a un escritor con un ilustrador puede dar lugar a una combinación sorprendente de talentos.

Respaldo financiero: Ofrecer recursos financieros para proyectos artísticos puede marcar la diferencia. Becas, subvenciones y programas de financiamiento permiten a los artistas concentrarse en su trabajo en lugar de preocuparse por la viabilidad financiera.

Espacios creativos: Proporcionar estudios, talleres y espacios donde los artistas puedan experimentar y crear es esencial. Estos lugares actúan como laboratorios donde la magia creativa puede florecer.
Mentores y tutorías: Establecer conexiones entre artistas emergentes y profesionales establecidos permite la transferencia de conocimiento y experiencias. Los mentores pueden guiar a los artistas en su desarrollo y ayudarles a navegar por los desafíos del mundo artístico.

Plataformas de exhibición: Crear oportunidades para que los artistas exhiban su trabajo es esencial para su visibilidad y éxito. Exposiciones, festivales y plataformas en línea brindan un escenario donde pueden compartir sus creaciones con el mundo.

Respeto por su voz: Escuchar y respetar las opiniones y perspectivas de los artistas es crucial. Permitirles influir en decisiones creativas y de producción contribuye a la calidad y autenticidad de su trabajo.

Diversidad de narrativas: Apoyar a artistas de diferentes orígenes y perspectivas enriquece la diversidad de narrativas en la industria del entretenimiento. Valorar y promover voces diversas amplifica la riqueza de las historias que se cuentan.

Acceso a recursos técnicos: Proporcionar acceso a tecnología y recursos técnicos avanzados puede abrir nuevas posibilidades creativas. Esto es especialmente relevante en disciplinas como la música, el cine y la animación.

Reconocimiento y celebración: Celebrar los logros y contribuciones de los artistas a través de premios y reconocimientos es un impulso importante para su autoestima y su carrera. Esto también inspira a otros artistas a seguir persiguiendo su pasión.

El empoderamiento artístico no solo es un acto de generosidad, sino un compromiso con la creación de un mundo más enriquecedor y diverso a través del arte. Al apoyar a los artistas para que sigan su visión creativa, abrimos puertas a nuevas perspectivas, experiencias y emociones.

El empoderamiento artístico no solo transforma la vida de los creadores, sino también la de aquellos que disfrutan de sus obras. En última instancia, al fomentar el empoderamiento artístico, contribuimos a la evolución cultural y a enriquecer el tejido de la sociedad.

7. Marketing experiencial: la importancia de crear experiencias memorables para el público

En el entorno del entretenimiento, el marketing experiencial se ha convertido en una herramienta esencial para cautivar y emocionar al público. Este apartado explorará cómo crear experiencias memorables puede marcar la diferencia en el sector:

Experiencias inmersivas: Sumergir al público en mundos imaginarios o en recreaciones históricas es una estrategia efectiva. Ejemplos de este tipo de experiencias son los parques temáticos, los laberintos de escape y las experiencias de realidad virtual.

Eventos interactivos: Hemos de permitir que el público participe activamente en la creación del evento. Elegir el desenlace de una historia o influir en el desarrollo de un espectáculo, genera una conexión más profunda.

Personalización: Adaptar la experiencia a las preferencias individuales del público agrega un toque personal. Por ejemplo, podemos crear de playlists personalizadas en conciertos o permitir que los espectadores elijan las rutas en una experiencia de aventura.

Narrativas envolventes: Contar historias que atrapen al público desde el inicio hasta el final genera un compromiso emocional. Obras teatrales interactivas y experiencias cinematográficas que se desarrollan en tiempo real, son ejemplos de esto.

Uso de la tecnología: Integrar tecnología innovadora, como realidad aumentada, hologramas y efectos especiales sorprendentes, puede llevar la experiencia a un nivel completamente nuevo.

Eventos temáticos y pop-ups: Crear eventos temporales basados en temas populares o culturales genera un sentido de urgencia y exclusividad. Pop-ups de películas, series o juegos son ejemplos exitosos.

Sensaciones sensoriales: Estimular los sentidos del público a través de efectos visuales, sonidos envolventes, aromas y texturas crea una experiencia multisensorial que deja una impresión duradera.

Inclusión de elementos sorpresa: Incorporar elementos sorpresa, como giros inesperados en la trama o interacciones con personajes sorpresa, mantiene a los asistentes emocionados y curiosos.

Experiencias sociales: Crear oportunidades para que el público interactúe y comparta la experiencia en las redes sociales fomenta la participación y aumenta la visibilidad del evento.

Enfoque en los detalles: Cuidar cada detalle, desde la ambientación hasta la atención al cliente, muestra un compromiso con la calidad y la excelencia en la creación de experiencias inolvidables.

El marketing experiencial no solo vende un producto o evento, sino una sensación, una emoción y una conexión emocional con el público. La creación de experiencias memorables trasciende la satisfacción inmediata y deja una impresión duradera en la mente y el corazón de las personas. Al impulsar emociones positivas y relaciones significativas con el público, el marketing experiencial no solo impulsa el éxito comercial, sino que también enriquece la vida de aquellos que participan en estas experiencias.

En última instancia, el poder de crear momentos inolvidables se convierte en un legado en el mundo del entretenimiento y en un testimonio de la capacidad humana para inspirar y emocionar a través del arte y la creatividad.

8. Tecnología y entretenimiento: explora cómo la tecnología ha transformado la industria

En este apartado, exploraremos cómo la convergencia de la tecnología y el entretenimiento ha revolucionado la forma en que experimentamos y participamos en eventos y experiencias. Veamos cómo la tecnología ha transformado la industria del entretenimiento:

Realidad virtual y aumentada: La realidad virtual y aumentada ha llevado a los espectadores a mundos completamente nuevos. Desde conciertos virtuales hasta museos de realidad aumentada, la tecnología ofrece experiencias inmersivas y envolventes.

Transmisiones en streaming: La capacidad de transmitir en vivo eventos a través de plataformas digitales ha democratizado el acceso al entretenimiento. Desde conferencias hasta conciertos, las transmisiones en vivo permiten llegar a audiencias globales.

Experiencias Interactivas: La tecnología ha permitido la creación de experiencias interactivas en eventos en vivo. Los asistentes pueden votar, participar en encuestas y tener un impacto directo en el desarrollo del evento.

Uso de redes sociales: Las redes sociales han transformado la forma en que los eventos son promocionados y compartidos. Los hashtags y las tendencias generan conversaciones en línea en tiempo real y amplifican la experiencia del evento.

Inteligencia artificial: La IA se ha utilizado para personalizar la experiencia del público, recomendando contenido relevante y ajustando la oferta a las preferencias individuales.

Efectos especiales avanzados: La tecnología ha impulsado los efectos especiales en películas, teatro y eventos en vivo, permitiendo la creación de mundos y escenarios espectaculares.

Aplicaciones de eventos: Las aplicaciones móviles han transformado la forma en que los asistentes se involucran antes, durante y después de un evento. Pueden obtener información en tiempo real, comprar boletos y participar en actividades interactivas.

Experiencias de gamificación: La gamificación ha llevado los elementos de juego a los eventos, motivando la participación activa y premiando a los asistentes por su involucramiento.

Innovaciones en la experiencia teatral: Desde teatro inmersivo hasta hologramas, la tecnología ha abierto nuevas posibilidades para transformar la experiencia teatral tradicional.

Experiencias virtuales de eventos en lugar de presenciales: La pandemia de COVID-19 aceleró la adopción de experiencias virtuales y permitió que los eventos continuarna en línea y alcanzaran un público global.

La tecnología ha demostrado ser una herramienta poderosa para redefinir y mejorar la experiencia de entretenimiento. Desde la creación de mundos virtuales hasta la personalización de la interacción con el público, la tecnología ha desbloqueado nuevas formas de conexión y participación. Sin embargo, es esencial mantener un equilibrio entre la tecnología y la autenticidad humana en el entretenimiento. En última instancia, la tecnología no solo ha cambiado la forma en que vivimos el entretenimiento, sino que también ha abierto un vasto territorio de posibilidades creativas para las mentes innovadoras en el sector del entretenimiento. Es un recordatorio constante de que la evolución tecnológica es una oportunidad para enriquecer nuestras vidas a través del arte y la creatividad.

9. Gestión financiera: cómo manejar los aspectos económicos de proyectos y negocios en el entretenimiento

La importancia de la gestión financiera en el mundo del entretenimiento es de una magnitud inmensa, pues cada proyecto y negocio está compuesto por un intrincado tejido de detalles económicos que deben ser controlados con meticulosidad. Cada inversión, cada gasto, cada fuente de ingresos y cada proyección deben ser examinados con seriedad y profesionalismo, ya que todo lo que queda fuera de la previsión puede convertirse en un obstáculo imprevisto y en una auténtica pesadilla para el éxito deseado. La administración financiera minuciosa es el faro que nos guía a través de las complejidades económicas y previene contratiempos que podrían poner en peligro la viabilidad de un proyecto. En este contexto, la colaboración con profesionales especializados en finanzas y en eventos se convierte en un recurso invaluable, proporcionando la experiencia y el conocimiento necesarios para navegar por las aguas financieras con confianza y seguridad. En resumen, la gestión financiera no solo es una responsabilidad, sino que es una estrategia crucial para garantizar el éxito y la continuidad en la industria del entretenimiento. La gestión financiera es fundamental para garantizar la viabilidad económica y el éxito de los proyectos y negocios. Aquí te presento 15 puntos imprescindibles para una gestión financiera sólida:

Presupuesto detallado: Elaborar un presupuesto exhaustivo que abarque todos los aspectos del proyecto, desde costos de producción hasta marketing y promoción.

Análisis de costos: Realizar un análisis detallado de los costos involucrados en cada etapa del proyecto, identificando posibles áreas de ahorro.

Financiamiento: Identificar fuentes de financiamiento, como inversores, préstamos o crowdfundingpara cubrir los costos iniciales.

Planificación de ingresos: Establecer estrategias claras para generar ingresos, incluyendo la venta de tickets, patrocinios y ventas de mercancía.

Control de gastos: Mantener un seguimiento constante de los gastos y ajustar el presupuesto si es necesario para evitar excesos.

Negociación de contratos: Negociar acuerdos favorables con proveedores, artistas y colaboradores para maximizar los recursos.

Reserva para contingencias: Destinar una parte del presupuesto para imprevistos y situaciones de emergencia que puedan surgir.

Rentabilidad y ROI: Evaluar la rentabilidad de cada proyecto y calcular el retorno de la inversión para tomar decisiones informadas.

Estrategias de precios: Definir estrategias de fijación de precios que reflejen el valor del proyecto y sean competitivas en el mercado.

Marketing y promoción: Asignar recursos financieros para estrategias de marketing y promoción que atraigan a la audiencia deseada.

Seguimiento de ingresos: Mantener un registro preciso de los ingresos generados y compararlos con las proyecciones financieras.
Pago de regalías: Establecer un sistema de pago de regalías a artistas y colaboradores de acuerdo con los acuerdos establecidos.

Cumplimiento legal y fiscal: Cumplir con las obligaciones legales y fiscales correspondientes a la industria y la ubicación del proyecto.

Diversificación de ingresos: Explorar oportunidades de ingresos adicionales, como licencias, ventas de derechos, merchandising, Meet & Greet y contenido digital.

Análisis de rentabilidad: Es importante evaluar la rentabilidad a largo plazo de los proyectos y negocios, considerando el equilibrio entre inversión y ganancias.

La gestión financiera efectiva es la columna vertebral de cualquier proyecto o negocio en el sector del entretenimiento. Al abordar aspectos económicos con profesionalismo y diligencia, se crea una base sólida para el éxito sostenible en un mundo donde la creatividad y la pasión se unen con la administración inteligente de recursos. La gestión financiera no solo garantiza la viabilidad económica, sino que también permite la libertad para seguir creando y compartiendo experiencias excepcionales con el mundo. Así, en el arte y el entretenimiento, la gestión financiera se convierte en un medio para alcanzar y tocar los corazones de las personas.

10. Diversidad e inclusión: La necesidad de representar y atender a diversas audiencias y talentos

En el entorno del entretenimiento, la diversidad y la inclusión no son solo cuestiones de moda o política, sino fundamentos esenciales que reflejan la riqueza de la sociedad y enriquecen la industria. La creación de experiencias y proyectos que resuenen con una amplia variedad de audiencias requiere una comprensión profunda de las diversas culturas, valores y perspectivas presentes en nuestra comunidad global. Es más que una responsabilidad; es una oportunidad de reflejar la realidad y promover la igualdad.

La diversidad se manifiesta en múltiples formas, desde la representación de diferentes orígenes étnicos y culturales hasta la inclusión de diversas identidades de género y orientaciones sexuales. Es la clave para empoderar a personas de todos los rincones del mundo, permitiendo que se sientan vistas, escuchadas y valoradas en cada proyecto y experiencia. La inclusión, por otro lado, es el paso siguiente: no se trata solo de tener asientos en la mesa, sino de permitir que todas las voces sean escuchadas y respetadas. Esto se traduce en contar historias auténticas, ofrecer oportunidades a talentos diversos y crear entornos donde cada individuo pueda florecer sin importar sus diferencias.

El impacto de la diversidad e inclusión en el entretenimiento va más allá de la mera representación. Muchos estudios han demostrado que proyectos y experiencias que abrazan estas prácticas son más propensos a resonar con las audiencias, generando conexiones emocionales más fuertes. Además, la diversidad en los equipos creativos puede llevar a una mayor innovación y a la exploración de nuevas perspectivas. Es un win win tanto para los creadores como para el público.

En un mundo cada vez más conectado y consciente, la diversidad e inclusión son valores que no solo inspiran, sino que generan un impacto positivo en las comunidades y la sociedad. Al abrazar la diversidad en todos los aspectos del entretenimiento —desde la narrativa hasta la producción y la distribución—, se construye un puente hacia un futuro más igualitario y enriquecedor. Por lo tanto, esta no es solo una sección más en el libro, sino un recordatorio constante de la responsabilidad y el poder que tenemos como agentes de cambio en el mundo del entretenimiento.

En última instancia, la diversidad e inclusión son eslabones esenciales en la cadena de valor del entretenimiento. Son más que un enfoque estratégico: son un compromiso con la humanidad y un testimonio del poder transformador del arte y la creatividad. Así, mientras navegamos por los capítulos del negocio del entretenimiento, recordemos que, al tejer la diversidad e inclusión en cada hilo de la industria, estamos contribuyendo a un tejido más fuerte y vibrante para todos.

11. Resiliencia: cómo enfrentar los desafíos y superar obstáculos en momentos difíciles

Superando desafíos para brillar en la oscuridad

En el vertiginoso mundo del entretenimiento, la resiliencia es más que una cualidad: es un superpoder que todo profesional debe cultivar. Enfrentar desafíos y superar obstáculos es una realidad inherente a esta industria, donde las olas de incertidumbre y los momentos difíciles pueden surgir en cualquier momento. Sin embargo, la resiliencia no se trata solo de sobrevivir; es el arte de convertir la adversidad en oportunidad y de transformar la dificultad en crecimiento.

Los desafíos pueden manifestarse de diversas formas, ya sea en forma de fracasos, rechazos, cambios en la industria o crisis inesperadas como la pandemia del COVID-19. En momentos como estos, la resiliencia se convierte en el faro que nos guía a través de la tormenta. Es la capacidad de adaptarse, reinventarse y encontrar soluciones creativas cuando las circunstancias son adversas. Es el compromiso inquebrantable de seguir adelante, incluso cuando el camino parece empinado y difícil.

La resiliencia no solo implica lidiar con situaciones difíciles, sino también aprender de ellas y utilizarlas como trampolines para el crecimiento personal y profesional. Cada desafío superado se convierte en una fuente de sabiduría y experiencia, y cada obstáculo vencido fortalece nuestra confianza en nuestra capacidad para superar cualquier adversidad.

En el mundo del entretenimiento, aquellos que abrazan la resiliencia no solo sobreviven, sino que también prosperan. A menudo, son estos momentos de prueba los que conducen a descubrimientos creativos, avances innovadores y nuevas oportunidades que nunca habrían surgido de otro modo. La resiliencia es lo que distingue a los verdaderos visionarios y líderes en la industria, aquellos que no solo se enfrentan a los desafíos, sino que los utilizan como escalones para alcanzar mayores alturas.

Al igual que los héroes en las historias que nos entretienen, los profesionales del entretenimiento deben cultivar una mentalidad de resiliencia. Es una elección consciente de no rendirse, de no dejarse vencer por las circunstancias adversas y de mantener encendida la llama de la pasión y la determinación. La resiliencia no solo nos permite superar los desafíos presentes, sino que también nos prepara para los que vendrán en el futuro.

Así que, mientras nos sumergimos en las páginas de este libro, recordemos que la resiliencia es la savia que nutre el árbol del éxito en el mundo del entretenimiento. Al abrazarla, no solo enfrentamos los desafíos con valentía, sino que también escribimos nuestro propio capítulo de crecimiento, perseverancia y triunfo en esta apasionante y cambiante industria.

12. Ética en el sector del entretenimiento: aborda cuestiones morales y decisiones éticas en la industria

Un Camino de integridad en la industria creativa

En el emocionante y dinámico mundo del entretenimiento, donde las luces brillantes y los aplausos pueden eclipsar la realidad, la ética se convierte en un faro que nos guía a través de las aguas turbulentas. La industria del entretenimiento es un escenario en constante cambio, donde las decisiones y acciones éticas son fundamentales para construir relaciones sólidas, mantener la integridad y asegurar un futuro sostenible y respetuoso tanto para los profesionales como para el público.

La ética en el sector del entretenimiento abarca una amplia gama de cuestiones morales y decisiones que impactan en la forma en que se crean, promocionan y consumen obras artísticas. Desde la representación justa y precisa de diferentes grupos y culturas hasta la manera en que se manejan las relaciones comerciales y los acuerdos financieros, la ética juega un papel crucial en cada aspecto del negocio.

Es importante destacar que el entretenimiento es una industria con un alcance global y sus decisiones éticas tienen un impacto que trasciende fronteras. La representación responsable y auténtica de diversas voces y perspectivas se ha convertido en un imperativo moral y comercial en un mundo cada vez más conectado. La ética también se extiende a la promoción y comercialización de eventos con la finalidad de asegurar que las estrategias sean transparentes y respetuosas hacia el público y los artistas.

Al abordar el tema de la ética en el entretenimiento, no se puede pasar por alto la presencia de gigantes de la industria como CAA, WME y LIVENATION, así como sus tácticas —a menudo comparadas con tiburones— en el mundo empresarial. El escrutinio ético de estas entidades es esencial para garantizar que sus prácticas comerciales sean éticas, justas y en línea con los valores fundamentales de la industria.

En última instancia, la ética en el sector del entretenimiento no es simplemente una cuestión de cumplir con regulaciones y leyes, sino de abrazar un enfoque moral y responsable en cada decisión. Los profesionales y líderes de esta industria tienen la oportunidad de influir en la cultura y la sociedad a través de su trabajo, y esa influencia implica una gran responsabilidad. Al actuar con integridad y ética, no solo construimos una reputación sólida, sino que también inspiramos a otros a seguir un camino de respeto, diversidad y excelencia en el apasionante mundo del entretenimiento.

13. Historias de fracaso: aprender de experiencias que no tuvieron el resultado esperado

Lecciones desde las oscuridades del entretenimiento

En un mundo donde a menudo solo se exalta el brillo del éxito y las luces deslumbrantes, es vital reconocer y extraer enseñanzas de las historias de fracaso en el sector del entretenimiento. Estas narrativas, a pesar de ser a veces desalentadoras y dolorosas, poseen un valor incalculable al proporcionar una visión profunda de los obstáculos, errores y desafíos que pueden surgir en el camino hacia el triunfo. Cada fracaso se presenta como una oportunidad para aprender, crecer y descubrir la resiliencia que habita en cada uno de nosotros.

A continuación, te comparto 50 ejemplos de fracasos en la industria del entretenimiento (podría contarte cientos o incluso miles), donde cada uno arroja luz sobre áreas en las que las estrategias y decisiones no dieron los frutos esperados:

1.Película olvidada: Una película con un potencial prometedor pasó desapercibida por la falta de promoción adecuada.

2.Evento sin impacto: Un evento planificado con entusiasmo no logró generar un impacto significativo y resultó en una inversión fallida.

3.Marketing que no conecta: Una campaña de marketing que no conectó con la audiencia adecuada generó indiferencia y falta de respuesta.

4.Gira cancelada: Una gira musical planeada con anticipación tuvo que ser cancelada debido a problemas logísticos y desafíos imprevistos.

5.Imagen perjudicada: La revelación de un comportamiento inapropiado por parte de un artista o profesional dañó su imagen y reputación.

6.Inversiones desacertadas: Decisiones financieras arriesgadas y mal fundamentadas resultaron en pérdidas económicas significativas.

7.Ignorar tendencias: No estar al tanto de las tendencias cambiantes del mercado llevó a la obsolescencia y a la pérdida de audiencia.

8. Fracaso teatral: Una obra de teatro que no fue bien recibida por la crítica ni por el público generó pérdidas financieras.

9. Colaboración que falla: Una colaboración entre artistas o empresas no cumplió con las expectativas y causó desilusión.

10. Controversia mal manejada: Tomar una decisión polémica sin una comunicación adecuada causó confusión y alienación.

11. Desacuerdo creativo: Conflictos creativos durante la producción de una obra afectaron la calidad final del producto.

12. Estrategia Cambiante sin plan: Cambiar bruscamente la estrategia sin un plan sólido llevó a una gran desorganización y desorientación.

13. Desconexión con el público objetivo: No comprender a fondo a la audiencia llevó a un producto que no conectó con sus intereses.

14. Problemas de producción en vivo: Errores técnicos durante un evento en vivo perjudicaron la experiencia del público.

15. Seguridad descuidada: Una serie de incidentes de seguridad en un evento afectaron la confianza de los asistentes y dañaron la reputación

16. Contratación equivocada: Contratar a un líder o profesional que no se alineaba con el proyecto resultó en problemas internos.

17. Lanzamiento prematuro: Lanzar un producto antes de estar listo llevó a una recepción negativa y pérdida de interés.

18. Campaña insensible: Una campaña de marketing insensible generó reacciones negativas y un daño a la imagen.

19. Evento ignorado: Un evento importante pasó desapercibido debido a la falta de promoción y visibilidad.

20. Estrategia de precio errónea: Establecer un precio incorrecto para un producto resultó en pérdidas financieras o poca demanda.

21. Colisión con la pandemia: No adaptarse a la pandemia de COVID-19 resultó en cancelaciones y pérdidas.

22. Falta de contingencias: La falta de un plan de contingencia para situaciones imprevistas causó caos y problemas.

23. Falta de diversidad en la representación: No incluir diversidad en un proyecto generó críticas y alienación.

24. Fracaso tecnológico: Un intento de implementar una nueva tecnología no tuvo éxito y resultó en frustraciones.

25. Ignorar problemas internos: No abordar problemas internos a tiempo afectó la moral del equipo y del proyecto.

26. Decisión de financiamiento incorrecta: Elegir la fuente de financiamiento equivocada llevó a problemas futuros.

27. Mala planificación logística: Una mala planificación logística en un evento causó caos y molestias a los asistentes.

28. Decisión de cambio sin comunicación: Cambiar la dirección de un proyecto sin comunicarlo causó desorientación.

29. Desafío a normas sociales: Desafiar normas sociales sin tacto causó controversia y rechazo.

30. Falta de comunicación interna: La falta de comunicación entre equipos llevó a malentendidos y problemas.

31. Decisión de contrato equivocada: Firmar un contrato sin leerlo detenidamente llevó a inconvenientes legales.

32. Falta de investigación de mercado: Lanzar un producto sin investigar el mercado resultó en falta de demanda.

33. Dependencia de una sola fuente de ingresos: Confiar en una única fuente de ingresos dejó vulnerable el flujo financiero.

34. Ignorar la opinión del público: Ignorar la retroalimentación del público llevó a un producto que no satisfizo sus deseos.

35. Decisión basada en la intuición: Tomar decisiones sin datos concretos llevó a resultados poco exitosos.

36. Sobreestimar la demanda: Sobreestimar la demanda de un producto resultó en exceso de inventario.

37. Falta de planificación de riesgos: No prever posibles riesgos llevó a crisis inesperadas.

38. Imitación sin innovación: Imitar conceptos sin aportar innovación propia resultó en falta de interés.

39. Estrategia de expansión prematura: Expandirse demasiado rápido sin preparación llevó a problemas financieros.

40. Estrategia de redes sociales ineficaz: Una estrategia de redes sociales mal ejecutada no logró generar engagement.

41. Falta de revisión legal: No revisar adecuadamente contratos legales resultó en problemas legales.

42. Falta de previsión de crisis: No anticipar posibles crisis llevó a respuestas improvisadas.

43. Falta de enfoque en la experiencia del usuario: No priorizar la experiencia del usuario afectó la satisfacción y la fidelidad.

44. Falta de transparencia: La falta de transparencia en la comunicación generó desconfianza.

45. Depender en exceso de una personalidad: Basar un proyecto en la popularidad de una sola persona llevó a vulnerabilidad.

46. Estrategia de precios desconectada: Fijar precios sin considerar el valor percibido del producto generó rechazo.

47. Falta de evaluación continua: No realizar evaluaciones continuas llevó a problemas no detectados.

48. Subestimar el tiempo y recursos requeridos: Subestimar el tiempo y los recursos necesarios causó retrasos.

49. Falta de flexibilidad: No adaptarse a cambios en el entorno resultó en dificultades.

50. Falta de colaboración efectiva: La falta de colaboración entre equipos afectó la cohesión y calidad del proyecto.

Cada uno de estos ejemplos revela que el camino del éxito en la industria del entretenimiento está lleno de obstáculos y desafíos. Sin embargo, estas historias también nos recuerdan que cada fracaso es una oportunidad para aprender, ajustar estrategias y perseverar con pasión y resiliencia. A través de la reflexión sobre estas lecciones y la voluntad de enfrentar las adversidades, podemos fortalecer nuestra determinación para sobresalir en el mundo del entretenimiento. La verdadera grandeza radica en cómo respondemos ante la adversidad y cómo transformamos los fracasos en catalizadores de éxito y crecimiento duradero.

14. Consejos prácticos: Proporciona consejos concretos para quienes deseen ingresar al mundo del entretenimiento

Consejos prácticos para brillar en el mundo del entretenimiento

Adentrarse en el mundo del entretenimiento es como explorar un emocionante laberinto lleno de oportunidades, desafíos y creatividad desbordante. Desde la planificación de conciertos y eventos hasta la contratación de artistas y la producción de experiencias únicas, este universo vibrante está destinado a quienes anhelan convertir su pasión en una carrera y dejar una marca duradera en la industria. Así que, si sientes la llamada del arte y el entretenimiento, si anhelas compartir tu visión con el mundo y marcar la diferencia, aquí tienes una guía repleta de 100 consejos enérgicos que te ayudarán a navegar por este emocionante viaje.

1. Abraza tu pasión con determinación y perseverancia.
2. Cultiva tu creatividad a través de la exploración constante.
3. Construye una red sólida de contactos y colaboradores.
4. Estudia a fondo el mercado y la industria.
5. Mantén un ojo en las tendencias emergentes.
6. Investiga a tus competidores y encuentra tu diferenciador.
7. Aprende a equilibrar la innovación y la tradición.
8. Haz un plan de negocios sólido y flexible.
9. Establece objetivos claros y medibles.
10. Adquiere habilidades de comunicación efectiva.
11. Domina las redes sociales y el marketing digital.
12. Sé ágil en la toma de decisiones.
13. Conviértete en un maestro de la resolución de problemas.
14. Aprende a delegar tareas y confiar en tu equipo.
15. Adquiere conocimientos sobre gestión financiera.
16. Sé transparente y ético en todas tus interacciones.
17. Mantén siempre la integridad de tu marca personal.
18. Establece alianzas estratégicas con empresas afines.
19. Sé adaptable a los cambios del mercado.
20. Escucha atentamente a tu audiencia y clientes.
21. Diseña experiencias memorables para tu público.
22. Ofrece un excelente servicio al cliente en todo momento.
23. Domina la negociación y el arte de cerrar acuerdos.
24. Aprende de tus fracasos y conviértelos en lecciones.
25. Busca mentoría de expertos en la industria.
26. Mantén la calma en situaciones de estrés.
27. Fomenta la colaboración creativa en tu equipo.
28. Usa la tecnología para mejorar tus procesos.

29. Enfoca tu energía en la visión a largo plazo.
30. Sé apasionado y auténtico en todo lo que haces.
31. Construye una marca sólida y coherente.
32. Cuida tu salud física y mental.
33. Celebra tus logros, por pequeños que sean.
34. Aprende a manejar las críticas constructivas.
35. Mantente actualizado con la industria y la cultura.
36. Mantén una mentalidad abierta a nuevas ideas.
37. Invierte en tu educación y desarrollo personal.
38. Mantén el equilibrio entre trabajo y vida personal.
39. Sé paciente en la construcción de tu carrera.
40. Aprende a decir 'no' cuando sea necesario.
41. Sé un líder inspirador y empático.
42. Mantén un enfoque constante en la mejora continua.
43. Experimenta con diferentes enfoques y estrategias.
44. Mantén un oído atento a las opiniones de tu equipo.
45. Planifica con anticipación y establece plazos realistas.
46. Cultiva la habilidad de presentar ideas convincentes.
47. Aprende a manejar el rechazo y la adversidad.
48. Fomenta la cultura de la innovación en tu equipo.
49. Aprovecha las oportunidades de aprendizaje.
50. Mantén una actitud positiva incluso en los desafíos.
51. Aprende a trabajar eficazmente bajo presión.
52. Cultiva la empatía y la comprensión hacia otros.
53. Aprende a recibir y dar retroalimentación.
54. Mantén un equilibrio entre la pasión y la objetividad.
55. Aprovecha las herramientas tecnológicas para la organización.
56. Infunde creatividad en cada aspecto de tu negocio.
57. Establece estándares de calidad inquebrantables.
58. Conviértete en un experto en tu nicho de entretenimiento.
59. Escucha y valora las ideas de tu equipo.
60. Celebra los éxitos de tu equipo y comparte el reconocimiento.
61. Aprende a lidiar con la incertidumbre con confianza.
62. Mantén un registro organizado de tus proyectos y procesos.
63. Sé abierto a la experimentación y al riesgo calculado.
64. Construye una comunidad en línea para tu marca.
65. Aprende a administrar tu tiempo de manera eficiente.
66. Mantén una ética de trabajo implacable y constante.
67. Selecciona a tu equipo con base en sus habilidades y valores.
68. Aprende a crear presupuestos precisos y realistas.
69. Fomenta la diversidad en tu equipo y proyectos.
70. Adapta tus estrategias a las necesidades cambiantes del público.
71. Aprende a comunicarte de manera clara y concisa.
72. Investiga y aplica estrategias de monetización efectivas.
73. Sé proactivo en la identificación y solución de problemas.

74. Cultiva la humildad y la disposición a aprender.
75. Ofrece oportunidades de crecimiento a tu equipo.
76. Mantén una presencia activa en eventos y redes de la industria.
77. Investiga y comprende las regulaciones legales relevantes.
78. Aprende a priorizar tareas y proyectos de manera eficaz.
79. Abraza la retroalimentación como una oportunidad para mejorar.
80. Aprende a comunicar tu visión de manera inspiradora.
81. Mantén un equilibrio entre creatividad y rentabilidad.
82. Desarrolla tu habilidad para gestionar el estrés.
83. Aprovecha la tecnología para la gestión de proyectos.
84. Sé auténtico en tu enfoque de marca y comunicación.
85. Aprende a manejar el fracaso con gracia y resiliencia.
86. Mantén la curiosidad y el deseo de aprender siempre.
87. Aprovecha las redes de networking para construir relaciones.
88. Aprende a delegar tareas y empoderar a tu equipo.
89. Cultiva la capacidad de adaptarte a la retroalimentación negativa.
90. Mantén una mentalidad de solución ante los obstáculos.
91. Aprende a mantener un equilibrio entre creatividad y viabilidad.
92. Fomenta la innovación y el pensamiento fuera de la caja.
93. Aprovecha las oportunidades de colaboración en la industria.
94. Desarrolla una estrategia efectiva de gestión de tiempo.
95. Aprende a presentar tus ideas con confianza y persuasión.
96. Mantén una comunicación clara y abierta con tu equipo.
97. Sé flexible y ajusta tus estrategias según sea necesario.
98. Aprende a manejar la presión y las expectativas.
99. Cultiva una mentalidad de aprendizaje continuo.
100. Disfruta del proceso y celebra cada logro, grande o pequeño.

En el dinámico mundo del entretenimiento, la pasión y la creatividad son tan importantes como la disciplina y la estrategia. Estos 100 consejos enérgicos te brindan una brújula para navegar por las aguas desafiantes de esta industria, donde cada decisión y acción puede influir en tu éxito. No olvides que cada paso que das en tu viaje te acerca un poco más a tu visión y metas. Desde la planificación de conciertos hasta la producción de eventos, cada elección que hagas, cada desafío que enfrentes es una oportunidad para crecer y evolucionar como profesional del entretenimiento. Así que, ¡adelante! Tu pasión, tu dedicación y tu visión única tienen el poder de iluminar el mundo con el arte y la alegría que solo tú puedes ofrecer. ¡Que tu camino en el mundo del entretenimiento esté lleno de emocionantes aventuras y éxitos duraderos!

15. Alianzas para ser más grande y caminar más lejos.
Fundamentos de respeto, honradez y lealtad.

En el negocio del entretenimiento —al igual que en muchos otros— no puede subestimarse el poder de las alianzas. Las conexiones que forjas y las relaciones que nutres pueden ser la clave que te abra las puertas hacia la grandeza y te permita recorrer distancias que jamás habías imaginado. En este apartado, exploraremos cómo cultivar asociaciones sólidas y duraderas, enraizadas en los pilares del respeto, la honradez y la lealtad. En un mundo donde la colaboración puede ser un verdadero motor de éxito, te guiaremos a través de consejos esenciales para forjar alianzas que te impulsen a ser más grande y a caminar más lejos en tu camino en el emocionante mundo del arte y el entretenimiento.

Algunos consejos imprescindibles para forjar alianzas exitosas

Identifica valores comunes: Busca socios y colaboradores que compartan tus valores fundamentales y visión artística.

Comunicación clara: Establece canales de comunicación abierta y transparente desde el principio.

Establece objetivos claros: Asegúrate de que todos entiendan y estén comprometidos con los objetivos de la alianza.

Respeto mutuo: Trata a tus socios con respeto y consideración en todas las interacciones.

Confianza fundamentada: Construye confianza a través de acciones coherentes y cumplimiento de promesas.

Claridad en los roles: Define claramente los roles y responsabilidades de cada parte involucrada.

Colaboración creativa: Fomenta una colaboración creativa donde cada voz tenga espacio para contribuir.

Empatía y escucha: Escucha las necesidades y preocupaciones de tus socios con empatía y disposición.

Transparencia financiera: Si hay aspectos financieros, mantén una transparencia total para evitar malentendidos.

Flexibilidad y adaptabilidad: Sé flexible y adáptate a las necesidades cambiantes de la alianza.

Habilidades complementarias: Busca socios con habilidades complementarias a las tuyas para potenciar los resultados.

Resolución constructiva de conflictos: Ante desacuerdos, aborda los problemas de manera constructiva y orientada a soluciones.

Celebración conjunta: Celebra los logros e hitos juntos para fortalecer el sentido de comunidad.

Apoyo mutuo: Brinda apoyo en momentos difíciles y celebra los éxitos de tus socios.

Compromiso a largo plazo: Mira más allá de los proyectos individuales y considera alianzas a largo plazo.

Alineación de valores: Asegúrate de que los valores de tus socios sean coherentes con los tuyos.

Comparte recursos: Comparte recursos y conocimientos para que todas las partes se beneficien.

Honestidad en las expectativas: Sé honesto sobre lo que puedes aportar y esperar de la alianza.

Innovación conjunta: Explora nuevas ideas y oportunidades de manera conjunta.

Reconocimiento y reconocimiento: Reconoce y agradece la contribución de tus socios, empleados y colaboradores de manera sincera y regular.

Las alianzas en la industria del entretenimiento son como los acordes de una melodía cautivadora: cada uno tiene su propia nota, pero juntos crean una armonía inolvidable. En este camino el respeto, la honradez y la lealtad son los cimientos de relaciones fructíferas y duraderas. Al adoptar estos valores y seguir estos consejos, estás construyendo una red de apoyo que puede llevar tu carrera y tu impacto en la industria a nuevos niveles. Las alianzas no solo abren puertas, sino que también crean puentes hacia nuevas oportunidades y perspectivas. Al mirar hacia adelante, recuerda que el poder de las conexiones radica en la autenticidad de las relaciones que construyes. Con el respeto, la honradez y la lealtad como guías, estarás preparado para enfrentar cualquier desafío y avanzar hacia un futuro lleno de colaboraciones exitosas y logros compartidos.

16. Hablemos de precios
Cuánto cuesta un artista – Cuánto deben costar los tickets

En una era donde las redes sociales y los titulares sensacionalistas dominan la esfera pública, la curiosidad sobre la riqueza y los ingresos de los artistas se ha convertido en una especie de obsesión colectiva. Pero a diferencia de otras esferas profesionales, donde los sueldos y bonificaciones pueden entenderse con cierta transparencia, el mundo del entretenimiento sigue envuelto en una capa de misterio y glamour que pocos llegan a penetrar. "¿Cuánto cobra Shakira?", "¿Cuánto se lleva Beyoncé por un concierto?", "¿Cuál es el caché de Maluma?". Estas preguntas resuenan no solo en los círculos de la industria del entretenimiento, sino en la conciencia popular en general.

¿Por qué este tema nos intriga tanto? Tal vez sea una amalgama de fascinación, envidia, inspiración y, en cierto sentido, una evaluación colectiva de qué es lo que valoramos como sociedad. Los artistas, en este sentido, no son solo individuos con un talento excepcional; se convierten en símbolos de éxito, de lo que podría ser posible si se tienen las habilidades, la suerte y el timing adecuado.

Pero aquí es donde las cosas se complican: ese número, ese cheque gigantesco que nos deja boquiabiertos, es solo la punta del iceberg. Lo que muchas personas desconocen es que detrás de esos números hay una serie de elementos mucho más complejos y estratificados que intervienen. Desde agentes, managers, productores, ingenieros de sonido, hasta el equipo de marketing, publicistas, transporte, alojamiento, impuestos y la producción del espectáculo en sí. Es un ecosistema tan complejo que involucra a decenas, o incluso cientos de personas, y cada una de ellas es una pieza del rompecabezas financiero.

Entonces, ¿cómo podemos abordar de manera efectiva y reveladora este tema? Primero, es crucial entender que el entretenimiento es, en su núcleo, un negocio. Un negocio que está sujeto a impuestos, tarifas, porcentajes y una serie de factores volátiles como el estado del mercado, el valor de la marca del artista y las tendencias de consumo. En otras palabras, descifrar cuánto cobra un artista no es solo saciar una curiosidad superficial; es adentrarse en una red de relaciones económicas, contractuales y humanas que definen el mundo del espectáculo moderno.

Esta introducción busca ser la antesala a un viaje fascinante en el que desglosaremos cada una de las partes que componen este intrigante asunto. Desde la cifra bruta que cobra el artista, pasando por los precios de los tickets, hasta llegar a cómo todo esto se traduce en la experiencia del público y el bolsillo del consumidor. Preparémonos para sumergirnos en la complejidad y la estratificación de una industria que nunca deja de asombrar y que, por encima de todo, alimenta tanto nuestras almas como nuestras más profundas curiosidades.

Cuánto cobra el artista o la banda: Un laberinto de variables, cálculos y negociaciones

Ingresos generados: la primera medida de valor
La primera métrica a considerar para determinar cuánto cobrará un artista es, sin duda, su potencial para generar ingresos. No estamos hablando solamente de la venta de tickets. El panorama es más amplio e incluye merchandising, ventas de álbumes, e incluso acuerdos de patrocinio y publicidad que el artista pueda atraer debido a su fama. Los artistas con un seguimiento sólido en redes sociales, por ejemplo, podrían conseguir acuerdos de patrocinio más lucrativos, lo que podría influir en sus tarifas. También hay que considerar otros ingresos como imagen y distribución digital.

Capacidad del lugar: adaptabilidad de tarifas

El tipo de escenario donde se realizará el evento es un factor crucial. ¿Es un lugar íntimo con capacidad para unos pocos cientos de personas? ¿O estamos hablando de un estadio con 10.000 asientos o más? La tarifa del artista se ajustará en consecuencia. Algunos artistas podrían cobrar una tarifa plana para eventos pequeños, pero en eventos grandes optar por un porcentaje de las ganancias y ofrecer un incentivo para llenar los asientos. Esto que he resumido mucho, es en realidad, bastante más complejo. En este libro quiero al menos dejarte la idea.

El Modelo de punto de equilibrio

Una estructura de tarifas que ha ganado popularidad es el "punto de equilibrio" o break-even, como mencionaste. El artista recibe una tarifa base garantizada, y una vez que se han vendido suficientes tickets para cubrir esa cantidad y los costos operativos, comienzan a participar en un porcentaje de las ventas adicionales. Este modelo es atractivo porque alinea los incentivos del artista con los del organizador del evento.

Gastos y comisiones: ¿Qué se queda en el camino?

Es vital recordar que la tarifa bruta que cobra un artista no es el monto que termina en su bolsillo. Hay gastos de producción, salarios para el equipo de respaldo, comisiones para agentes y managers, impuestos, y otros costos que se deducen de la cifra final. En algunas ocasiones, estos gastos son cubiertos por el organizador del evento, pero en otros casos, se deducen del pago del artista.

Factores volátiles: popularidad, temporada, y ubicación

Los honorarios artísticos también dependen de la popularidad actual del artista, variable que puede estar constante cambio. Un solo éxito de taquilla o un álbum exitoso pueden elevar las tarifas drásticamente. La temporada y la ubicación también son críticas; un artista podría cobrar más por un concierto en una ciudad importante durante la temporada alta que en una localidad más pequeña en un momento menos popular.

Contratos y cláusulas adicionales

También existen casos donde se incluyen cláusulas específicas en los contratos, que podrían afectar la tarifa final. Por ejemplo, una cláusula de exclusividad que prohíbe al artista realizar otros shows en una región determinada durante un período de tiempo por encontrarse demasiado cerca de otra ciudad que se considera conflicto de intereses.

Conclusión: Un ecosistema en constante cambio

Determinar cuánto cobra un artista no es solo un acto de sumar números: es un ejercicio en entender un ecosistema financiero y contractual en constante cambio. Las tarifas pueden variar drásticamente de un evento a otro, e incluso de un momento a otro, basado en una amplia gama de factores, desde la capacidad de generar ingresos hasta el estado del mercado y las condiciones contractuales.

El Precio de los tickets: una combinación compleja de costos, valor y expectativas

Costos operativos: el pilar fundamental

Empezaremos por el principio. Antes de establecer el precio de un ticket, los organizadores deben tener un claro entendimiento de los costos operativos. Esto incluye la renta del lugar (venue), los gastos de producción, caché del artista, seguridad, logística y cualquier otro costo adicional. La suma total de estos gastos da una base a partir de la cual se determina el precio mínimo del ticket para al menos cubrir los costos.

Valor percibido: más allá del costo

Uno de los elementos más sutiles pero cruciales en la fijación de precios es el "valor percibido". Esto se refiere a cuánto está dispuesto a pagar el consumidor por la experiencia que se le ofrece. Algunos factores que incrementan este valor son la exclusividad del evento, la popularidad del artista y las instalaciones de alta calidad del lugar. Todo esto se traduce en una disposición del público a pagar precios más altos.

Estrategias de precios dinámicos

Algunos eventos adoptan estrategias de precios dinámicos que varían en tiempo real según la demanda. A medida que se venden más boletos o se acerca la fecha del evento, los precios pueden subir. Esto es especialmente común en conciertos muy anticipados o eventos deportivos de gran envergadura. También se pueden usar precios escalonados, ofreciendo diferentes "niveles" de experiencia con costos distintos, desde entradas generales hasta paquetes VIP. Esto cada vez se estila más y a mí, particularmente, me parece bien. Es lo mismo que llevan haciendo años las compañías aéreas y los hoteles, por lo que también deberíamos de aceptarlo para los conciertos.

Comisiones y cargos adicionales

No olvidemos que sobre el precio base del ticket se añaden comisiones y cargos por servicio que las plataformas de venta de boletos cobran. Estas tarifas adicionales pueden variar y a menudo dependen del método de entrega del ticket, si es digital o físico, y otros servicios como seguros de cancelación.

Factores externos: temporada, competencia y localización

La temporada en que se realiza el evento puede afectar significativamente el precio. Además, la competencia también es un factor. Si hay múltiples eventos similares alrededor de la misma fecha, puede haber una guerra de precios. La localización geográfica también es crucial; un evento en una ciudad cosmopolita como Nueva York podría justificar precios más altos que uno en una localidad más pequeña.

Experiencias adicionales: más allá del ticket

Algunos eventos ofrecen experiencias adicionales que pueden aumentar el precio del ticket. Esto puede incluir acceso a áreas exclusivas, merchandise oficial incluido, o meet-and-greet con los artistas. Estas experiencias añaden una capa adicional de complejidad al establecer el precio del ticket.

Conclusión: una ecología de variables

Como puedes ver, la fijación del precio de un ticket es un acto delicado que involucra una multitud de factores. Desde costos operativos hasta la psicología del consumidor y condiciones de mercado en constante fluctuación, cada elemento juega un papel vital. Al igual que con la tarificación de los artistas, el precio del ticket es un reflejo de un ecosistema de variables en constante cambio, que requiere una comprensión profunda y análisis cuidadoso para maximizar tanto las ganancias como la satisfacción del cliente.

La doble vida del artista: en el escenario y detrás del telón

Cuando hablamos de una estrella del escenario, automáticamente pensamos en el glamour, la fama, y el reconocimiento masivo que obtienen. Pero rara vez nos detenemos a pensar en la carga emocional y psicológica que llevan a cuestas. Esta sección pretende descubrir ese lado oculto, punto fundamental para entender la complejidad de la vida de un artista.

La luz del escenario y la sombra del aislamiento. La preparación

Todo espectáculo, ya sea un concierto en un pequeño bar o una presentación en un estadio con capacidad para decenas de miles de personas, necesita preparación. Meses antes del evento, el artista y su equipo están sumidos en un régimen riguroso de ensayos, planificación, y organización. Las salas de ensayo se convierten en un segundo hogar, y el equipo técnico, en miembros de una familia extendida. Las dificultades y alegrías se viven en comunidad, forjando un vínculo único que solo pueden entender completamente quienes lo viven.

El estrés

La presión es una constante en la vida del artista. Los ensayos no siempre salen como se espera; las expectativas son altas y el margen de error, mínimo. En estos momentos críticos, el equipo se convierte en una especie de santuario emocional donde el artista encuentra algo de paz. La calidad de este soporte es vital para el bienestar del artista y, en última instancia, para el éxito del espectáculo.

El ancla del equipo. El equipo como familia

En el ámbito del entretenimiento, las relaciones laborales trascienden lo profesional. Las circunstancias de vida en la carretera o en aeropuertos crean un ambiente propicio para la formación de relaciones personales fuertes. La confianza mutua es fundamental: cada miembro del equipo debe saber que puede depender de los demás en cualquier situación, sea esta positiva o crítica.

La importancia del apoyo emocional

Los momentos previos a subir al escenario son cruciales. Las dudas, los nervios y la adrenalina se apoderan del ambiente. Aquí es donde el equipo debe ejercer un papel más humano y ofrecer palabras de aliento, consejos útiles, o simplemente un espacio tranquilo donde el artista pueda centrarse. Este apoyo emocional suele subestimarse, pero es clave para una actuación exitosa.

El refugio en la multitud. El faro en el océano

En un mar de rostros desconocidos, el artista encuentra confort en las caras familiares de su equipo. En medio del caos que puede ser un concierto en vivo, el equipo actúa como un faro que orienta y calma al artista, permitiéndole centrarse en su actuación y entregar al público lo mejor de sí mismo

Reconocimiento y gratitud

Este aspecto es más profundo de lo que parece a simple vista. Cuando el artista busca a su equipo entre la multitud, no solo busca caras conocidas, busca validación y apoyo. Es un reconocimiento implícito del esfuerzo conjunto y del viaje compartido. Es su manera de decir: "Estamos en esto juntos". Es pensar y sentir: confiamos juntos.

La soledad del artista. Las paradojas del estrellato

El mundo del espectáculo está lleno de paradojas. Una de las más intrigantes es cómo alguien que es el centro de atención de miles o incluso millones de personas, puede sentirse tan solo. Esa soledad no es una debilidad; es una realidad emocional que necesita ser abordada con sensibilidad y comprensión.

La desconexión

Los fanáticos idolatran a los artistas, pero esa idolatría crea una barrera. A menudo, el artista es visto como un ser inalcanzable, una figura más grande que la vida misma, lo cual genera una desconexión emocional. El equipo tiene el rol de mantener al artista anclado en la realidad recordándole que, antes que una superestrella, es un ser humano con necesidades emocionales y físicas.

El arte de apoyar. Más allá de la logística

Ser parte del equipo de un artista no consiste solo en garantizar que el sonido sea perfecto o que el vestuario esté listo a tiempo. Se trata de ser un pilar de apoyo en todos los aspectos, incluido el emocional. En el mundo del entretenimiento, donde cada detalle cuenta, un simple gesto de apoyo puede marcar la diferencia en el estado emocional del artista.

Celebrar los pequeños éxitos

El camino hacia el estrellato está lleno de pequeños hitos que merecen ser celebrados. Tal vez sea una actuación excepcional o una crítica favorable: cada logro es una validación del esfuerzo y dedicación invertidos. El equipo debe tomar un momento para reconocer estos éxitos, no solo como un respiro en una rutina agitada, sino también como una forma de construir una moral positiva.

Conclusión

Ser un artista es mucho más que tener talento y recibir aplausos. Es un viaje complejo lleno de altibajos emocionales que requieren un sistema de apoyo sólido. El equipo no es solo un conjunto de individuos con roles definidos: es una familia extendida que comparte la carga emocional y psicológica del artista, permitiendo que brille en todo su esplendor.

NOTAS DEL LECTOR ↘

FUNDAMENTOS PARA VIVIR POR "AMOR AL ARTE".

CAPÍTULO 10

LA CONEXIÓN ENTRE EL ARTE Y LOS NEGOCIOS

Explorando la sinfonía empresarial del entretenimiento

Déjame contarte en este capítulo número 1 que, donde los sueños toman forma y las emociones se convierten en experiencias si nos referimos al entretenimiento como modelo de vida, emerge un capítulo fundamental en la epopeya de "Amor al Arte". Este capítulo es una invitación a sumergirte en la conjunción de dos mundos en apariencia distantes, pero sorprendentemente conectados: el arte y los negocios. Prepárate para embarcarte en un viaje en el que la expresión artística y la ingeniería empresarial convergen en una danza armoniosa, creando un escenario donde las pasiones y los objetivos se funden en un cautivador espectáculo.

El telón se abre: emprendimiento y creatividad

Imagina un escenario donde la creatividad no solo se celebra, sino que también se transforma en un motor de innovación. En este teatro del entretenimiento, los emprendedores son los directores de una producción única, donde las ideas y las visiones artísticas se fusionan con estrategias empresariales ingeniosas. Artistas, promotores y gestores de eventos se convierten en protagonistas de esta sinfoníadonde la creatividad se entrelaza con el ingenio comercial para crear una narrativa de éxito vibrante y en constante evolución.

Cultivando los fundamentos: arte como estrategia empresarial

Más allá del brillo de los reflectores y la pasión de los artistas existe un andamiaje estratégico que da forma a cada nota musical y cada destello en el escenario. Cada interpretación, cada producción, se teje en una red de planificación y gestión meticulosa. En este capítulo, trazaremos las conexiones entre la pasión artística y la mente empresarial. Descubrirás cómo el arte se convierte en la columna vertebral de una estrategia comercial sólida, cómo la visión artística se infunde en cada aspecto de la producción, y cómo el entretenimiento se erige como una experiencia inolvidable.

Abrazando la sinfonía de los negocios creativos

Con el cierre de este capítulo marcamos el inicio de una travesía donde la creatividad y el emprendimiento se entrelazan en una coreografía única. Este capítulo es solo el preludio de una aventura que te llevará a un mundo donde el arte y los negocios coexisten para crear una melodía excepcional. Cada paso, cada elección y cada estrategia formarán parte de una armonía que resonará en cada esquina del entretenimiento. Aquí, en este cruce de caminos entre la pasión artística y la maestría empresarial, se forja una oportunidad incomparable para vivir por "Amor al Arte" y labrar tu propia historia de éxito en la industria del entretenimiento. En este escenario, el arte y los negocios danzan juntos, tejiendo una narrativa donde la visión y la estrategia se entrelazan en una sinfonía única.

NOTAS DEL LECTOR ↘

_____

_____

_____

_____

_____

_____

_____

DESCUBRIENDO Y DESARROLLANDO EL TALENTO ARTÍSTICO

IDENTIFICAR Y DESARROLLAR EL TALENTO ARTÍSTICO

Tras las huellas del genio creativo

En el corazón del mundo del entretenimiento yace un tesoro inestimable: el talento artístico. Este capítulo es un viaje de descubrimiento y desarrollo, una exploración de las estrellas en ciernes que iluminan el firmamento artístico. Aquí, los sueños y la habilidad se entrelazan en una danza mágica, y los artistas emergen como protagonistas de una historia de crecimiento, pasión y dedicación. Prepárate para adentrarte en la travesía que revela cómo el talento se moldea y nutre, cómo los diamantes en bruto se transforman en gemas radiantes y cómo el arte florece en todo su esplendor.

Iluminando el camino: identificación del talento artístico

Imagina un escenario donde el talento es como un diamante en bruto que está esperando ser descubierto. En este viaje, debemos aprender a reconocer las chispas que destellan en los artistas incipientes. Debes descubrir cómo identificar el brillo especial que los diferencia y cómo nutrir ese potencial innato. Desde la música hasta la actuación, desde la danza hasta la pintura, hay que explorar las claves para detectar el genio creativo que yace en cada artista, listo para brillar con intensidad.

Forjando la maestría: desarrollo del talento artístico

El talento artístico es una semilla, una chispa que yace en el interior de muchos. No obstante, esa chispa necesita ser avivada, alimentada y cultivada para convertirse en una llama brillante y constante. Forjar la maestría en cualquier disciplina artística no es una tarea que se logre de la noche a la mañana; es un camino de dedicación, estudio y práctica constante. Cada artista, independientemente de su medio, enfrenta sus propias batallas y desafíos en su búsqueda de excelencia. Es un proceso de autoconocimiento, de entender y pulir cada habilidad, y de superar las barreras que puedan surgir.

Además, el desarrollo del talento artístico va más allá de la técnica. Consiste en conectar con la esencia misma del arte, encontrar una voz única y tener la valentía de expresarla. Se trata de explorar y expandir horizontes, no solo en términos de habilidades, sino también en la percepción y comprensión del mundo y de uno mismo. Cada fallo, cada crítica, cada momento de duda, es una oportunidad para crecer y acercarse un paso más hacia esa maestría. Y es en ese proceso de crecimiento donde el verdadero arte comienza a florecer.

Cerrando el telón: inspiración y trascendencia artística

Con el cierre de este capítulo, nos encontramos en el cruce entre el descubrimiento y la evolución. Aquí, en esta encrucijada, los artistas emergen como destellos brillantes en el horizonte del entretenimiento. Cada paso, cada consejo compartido y cada experiencia vivida forjarán el camino de los artistas hacia la trascendencia artística. En este capítulo no solo aprendemos a identificar y nutrir el talento, sino también a encender la pasión que alimenta la llama creativa. En cada historia de crecimiento, vemos cómo el arte y el negocio se fusionan en una danza donde el talento se convierte en una poderosa herramienta para inspirar, emocionar y transformar.

Iluminando la ruta de las estrellas creativas

Este capítulo nos insta a ser cazadores de talento, a descubrir y nutrir las joyas artísticas que embellecen el mundo del entretenimiento. Como un director en la búsqueda de las actuaciones más impactantes, aprendemos a detectar los matices y las habilidades que destacan en los artistas incipientes. Pero no se trata solo de reconocer el potencial, sino de guiarlo hacia su plenitud. En este proceso de desarrollo, los artistas no solo encuentran su voz, sino que también encienden la pasión que los impulsa a alcanzar nuevas alturas. Así, en el crisol del arte y el negocio, vemos cómo el talento se convierte en la chispa que enciende la llama de la creatividad, generando un legado que trasciende el tiempo y el espacio. En este capítulo, las estrellas emergen, los sueños se convierten en realidad y el arte cobra vida en su máxima expresión.

ARTE EN LA GESTIÓN Y REPRESENTACIÓN

Guiando estrellas: estrategias para el éxito en la gestión artística

La gestión y representación de artistas son el eje que conecta el talento con las oportunidades. Este capítulo es un mapa detallado de cómo navegar en este emocionante terreno, donde las decisiones y estrategias delinean el rumbo de las carreras artísticas. Prepárate para sumergirte en las estrategias que transforman el talento en estrellas resplandecientes y descubre cómo el arte y los negocios convergen en un viaje hacia el éxito.

Tejiendo estrategias: gestión integral del talento artístico

A través de los siguientes párrafos te abro las puertas al arte de la gestión artística exitosa. Desde la selección de artistas hasta la planificación de carreras, exploraremos las tácticas que construyen una base sólida para el éxito duradero. Aprenderás cómo forjar relaciones sólidas con los artistas, cómo identificar oportunidades estratégicas y cómo tomar decisiones que guíen a las estrellas en ascenso hacia la cúspide de su potencial.

Estos son los puntos esenciales que un manager o representante de artistas debe tener en cuenta para una exitosa gestión, desarrollo y relación con sus clientes:

Conexión personal: Establecer una relación genuina y cercana con el artista, basada en la confianza y el entendimiento mutuo.

Visión a largo plazo: Desarrollar una estrategia a largo plazo para la carrera del artista, teniendo en cuenta metas y objetivos a corto, mediano y largo plazo.

Identificación de fortalezas: Reconocer y aprovechar las habilidades y talentos únicos del artista para diferenciarlo en el mercado.

Diversificación de ingresos: Explorar múltiples fuentes de ingresos, como giras, grabaciones, licencias y merchandising, para asegurar la estabilidad financiera.

Planificación de gira: Diseñar giras eficientes y rentables considerando la logística, la promoción y la experiencia del público.

Branding personal: Definir una imagen coherente y auténtica para el artista que resuene con su audiencia.

Creación de contenido: Planificar la producción de contenido constante y relevante para mantener el interés y el compromiso del público.

Networking: Cultivar relaciones con otros profesionales de la industria para crear oportunidades de colaboración y crecimiento.

Adaptabilidad: Estar dispuesto a adaptarse a cambios en la industria y en el mercado, ajustando estrategias según sea necesario.

Mentoría y apoyo: Proporcionar orientación y apoyo emocional al artista en todas las etapas de su carrera.

Relación con el artista

Comunicación abierta: Mantener líneas de comunicación claras y abiertas con el artista para mantenerlo informado y comprometido.

Gestión del tiempo: Organizar y planificar el tiempo del artista de manera eficiente para evitar agotamiento y maximizar la productividad.

Gestión de expectativas: Establecer expectativas realistas en cuanto a plazos, metas y desafíos para evitar frustraciones.

Resolución de conflictos: Manejar conflictos con empatía y profesionalismo para mantener una relación saludable con el artista.

Empoderamiento creativo: Fomentar la expresión creativa del artista y brindar espacio para la toma de decisiones.

Negociaciones y contratos

Negociación hábil: Negociar contratos justos y beneficiosos para el artista incluyendo términos financieros y creativos.

Conocimiento legal: Entender las cuestiones legales y contractuales en la industria para proteger los intereses del artista.

Derechos de autor: Proteger los derechos de autor y garantizar que el artista reciba compensación justa por su trabajo.

Promoción y marketing

Estrategia de marketing: Desarrollar estrategias efectivas de promoción y marketing para aumentar la visibilidad del artista.

Presencia en redes sociales: Gestionar las redes sociales y las plataformas digitales del artista de manera profesional para mantener una conexión directa con los fanáticos. El nivel de calidad que hoy se exige es demasiado alto y no vale cualquier cosa, el resultado debe ser excelente.

Campañas creativas: Diseñar campañas de promoción creativas y atractivas que generen interés y entusiasmo.

Networking y relaciones profesionales

Contactos estratégicos: Establecer y mantener relaciones con promotores, productores, discográficas y otros profesionales clave.

Participación en la industria: Asistir a eventos, ferias y conferencias de la industria para mantenerse actualizado y crear oportunidades.

Crecimiento de la audiencia

Segmentación de la audiencia: Identificar y segmentar la audiencia para personalizar las estrategias de promoción.

Participación de los fans: Fomentar la participación activa de los fanáticos a través de concursos, contenido exclusivo y eventos especiales.

Adaptabilidad y resiliencia

Resiliencia: Superar obstáculos y fracasos con resiliencia, manteniendo la motivación y el enfoque en los objetivos a largo plazo.

Adaptabilidad: Ajustarse a los cambios en la industria y en el mercado, explorando nuevas oportunidades y enfoques.

Evaluación y análisis

Análisis de Datos: Utilizar datos y métricas para evaluar el éxito de las estrategias y ajustarlas según sea necesario.

Evaluación continua: Evaluar regularmente el progreso y la evolución de la carrera del artista, realizando ajustes estratégicos cuando sea necesario.

Ética y valores

Integridad: Operar con integridad y ética en todas las decisiones y acciones, priorizando siempre los intereses del artista.

Estos puntos esenciales proporcionan un marco sólido para la gestión exitosa, el desarrollo y la representación de artistas en la industria del entretenimiento. Al aplicar estos principios con pasión y dedicación, un manager o representante de artistas puede guiar a sus clientes hacia un camino de crecimiento, éxito y realización artística.

En el centro del escenario: historias de éxito y desafíos

Las historias de éxito son faros que iluminan el camino en la gestión artística. En este capítulo, compartiremos relatos de artistas que superaron obstáculos y conquistaron los escenarios más grandes del mundo.

Después, también exploraremos los desafíos y las lecciones aprendidas en el camino. Desde la toma de decisiones cruciales hasta la navegación de contratos y giras, estas historias ofrecen una visión íntima de la realidad detrás de los reflectores.

Déjame contarte 10 historias breves de artistas que tienen relación con lo que te estoy contando.

Alicia Martínez - El debut sorpresa: Alicia, una cantautora emergente, decidió realizar su primer concierto en un parque local. Aunque solo esperaba a unos pocos amigos, cientos de personas acudieron para escucharla. Su espontaneidad y autenticidad la catapultaron a la fama local.

Juan García - De la calle al estudio: Juan, un talentoso bailarín urbano, pasó de hacer actuaciones en las calles a firmar un contrato con una importante compañía de entretenimiento. Su historia inspira a muchos jóvenes a seguir su pasión y trabajar duro.

Isabel Fernández - La gira internacional: Isabel, una exitosa violinista clásica, superó su miedo escénico y se embarcó en una gira mundial. Con cada actuación, logró conectar con audiencias diversas y demostró que la música clásica tiene un alcance global.

Carlos Ramírez - El desafío de la discográfica: Carlos, un cantante de pop, tuvo que lidiar con la presión de una discográfica que buscaba moldear su imagen. Después de tomar una decisión valiente y seguir su visión, logró un éxito independiente con su música.

Sofía Cruz - El despertar en redes sociales: Sofía, una joven artista visual, compartió su trabajo en redes sociales y atrajo la atención de importantes galerías de arte. Su historia pone de manifiesto cómo las plataformas digitales pueden ser trampolines para el reconocimiento.

Miguel Herrera - La determinación de un comediante: Miguel, un comediante que enfrentó rechazos iniciales, siguió trabajando en su material y finalmente logró llenar teatros con su humor único. Su perseverancia lo convirtió en un referente cómico.

Elena Martín - De la danza clásica a la contemporánea: Elena, una bailarina clásica, se aventuró en la danza contemporánea, desafiando las expectativas. Su transición mostró cómo la creatividad y la adaptabilidad pueden abrir nuevas puertas.

Alejandro Pérez - El encuentro casual: Alejandro, un músico independiente, conoció a un productor influyente en un evento casual. Aprovechó la oportunidad para presentar su música y obtuvo apoyo para su primer álbum.

Valentina Ramírez - El impacto social a través del arte: Valentina, una muralista comprometida, utilizó su arte para abordar temas sociales en su comunidad. Su trabajo inspiró conversaciones importantes y transformó espacios urbanos.

Andrés López - La lección de un Fracaso: Andrés, un actor de teatro, sufrió un fracaso en un papel importante. En lugar de rendirse, se preparó más y volvió a audicionar, obteniendo un rol que impulsó su carrera.

Estas historias ilustran cómo el compromiso, la determinación y la resiliencia pueden llevar a los artistas a superar desafíos y alcanzar el éxito en la industria del entretenimiento. Cada experiencia ofrece lecciones valiosas para quienes desean forjar un camino exitoso en el mundo del arte y el espectáculo.

Con el máximo respeto a los artistas que acabo de citar, ahora te voy a contar lo mismo, pero con otros nombres que seguro te resultan más familiares.

Beyoncé - El empoderamiento en el escenario: Beyoncé, una de las artistas más influyentes del mundo, superó las expectativas en su icónico show en el festival Coachella en 2018. La actuación destacó por su dedicación y enfoque en la producción, la coreografía y la narrativa, rompiendo barreras y redefiniendo los estándares del espectáculo en vivo.

Ed Sheeran - De los pequeños Cafés a los estadios: Ed Sheeran, cantautor británico, construyó su carrera desde cero actuando en pequeños cafés y bares. Su habilidad para conectar con las audiencias lo llevó a llenar estadios en todo el mundo, demostrando que la autenticidad y el talento pueden abrir puertas a globalmente

Lady Gaga - Transformación artística y mensajes profundos: Lady Gaga, conocida por su estilo único y provocador, utiliza su música y presencia en el escenario para abordar temas de inclusión, empoderamiento y justicia social. Su evolución artística y su capacidad para generar diálogo han establecido un vínculo especial con sus seguidores.

Lin-Manuel Miranda - El éxito de Broadway y más allá: Lin-Manuel Miranda, creador de Hamilton, logró fusionar historia y música de manera innovadora en un musical que trascendió fronteras. Su compromiso con la autenticidad cultural y su pasión por la narración han dejado una marca perdurable en el teatro y el entretenimiento.

Shakira - El puente entre culturas y géneros musicales: Shakira, artista colombiana, es reconocida por su habilidad para fusionar ritmos latinos y pop internacional. Su éxito global y su compromiso con la filantropía reflejan cómo el arte puede unir a diferentes comunidades y causar un impacto positivo en el mundo.

Estas historias de artistas internacionales muestran cómo la pasión, la creatividad y la dedicación pueden llevar a la cima del éxito en el mundo del entretenimiento. Cada uno de estos ejemplos refleja el poder del arte para inspirar, conectarse con audiencias y trascender las fronteras culturales.

Cerrando el telón: fusionando el arte con la gestión

En el deslumbrante escenario de la industria del entretenimiento, donde las luces brillantes iluminan sueños y pasiones, se teje un vínculo especial entre el arte y la gestión. En este capítulo, exploraremos cómo esta conexión va más allá de las transacciones comerciales y se convierte en un delicado equilibrio entre la creatividad y el éxito empresarial. Aquí, la gestión no es solo una tarea, sino una danza armoniosa que une a artistas y profesionales, generando un sinfín de oportunidades y experiencias.

Forjando relaciones fundamentales

El cierre del telón marca el inicio de un proceso único y gratificante: la forja de relaciones profundas y auténticas con los artistas. La gestión exitosa trasciende los contratos y las cifras, abriendo paso a una colaboración basada en el respeto mutuo y la confianza. En este capítulo descubriremos cómo construir lazos sólidos que apoyen la visión creativa permitiendo que los artistas florezcan y alcancen nuevas alturas en sus carreras.

La danza del arte y los negocios

Desde que se produce el primer encuentro hasta la realización de proyectos innovadores, la danza del arte y los negocios se desarrolla con pasos cuidadosamente coordinados. Analizaremos cómo comprender la esencia artística de cada individuo es esencial para crear estrategias comerciales sólidas. De esta manera, la gestión se convierte en un vehículo para amplificar las voces creativas, canalizando su energía en un viaje conjunto hacia el éxito y la trascendencia.

El equilibrio entre la pasión y el éxito

No se trata solo de llenar estadios o conseguir contratos lucrativos, sino de lograr un equilibrio genuino entre la pasión por el arte y el logro del éxito comercial. Aquí, las decisiones financieras se combinan con el respeto por la integridad artística, creando un entorno donde los artistas pueden expresarse plenamente sin comprometer su visión original. Descubriremos cómo mantener esta armonía esencial es el núcleo de una gestión efectiva y satisfactoria.

Conclusiones inspiradoras

En el cierre de este capítulo reflexionamos sobre la sinfonía que se produce al fusionar el arte con la gestión. La industria del entretenimiento es una plataforma única que permite a los sueños florecer y a las voces artísticas resonar en todo el mundo. A través de la autenticidad, la comprensión y la pasión compartida, se crea un camino hacia el éxito que enriquece tanto a los artistas como a quienes les brindan su apoyo. Este capítulo se convierte en una guía iluminada que inspira a navegar por las aguas del arte y los negocios con respeto, empatía y la visión de un futuro brillante y lleno de posibilidades.

El arte de guía y éxito

Este capítulo nos invita a descubrir cómo el arte y la gestión se fusionan en una danza armoniosa que impulsa a los artistas hacia nuevas alturas. La gestión exitosa es un arte en sí mismo, una sinfonía donde las estrategias y las decisiones cuidadosamente orquestadas brindan el escenario perfecto para que las estrellas brillen. Al final del día, es la pasión por el arte y el compromiso con el éxito lo que impulsa a los artistas y a sus representantes a superar obstáculos y lograr un impacto duradero. En este capítulo, el arte y los negocios convergen en una poderosa sinergia que guía y eleva a los artistas, creando un legado artístico que perdura en la memoria colectiva.

NOTAS DEL LECTOR ↘

_____

_____

_____

_____

_____

_____

_____

_____

_____

_____

_____

EVENTOS INOLVIDABLES: DISEÑO, ORGANIZACIÓN Y PRODUCCIÓN

En el emocionante viaje de explorar la relación del mundo del entretenimiento y los negocios, hemos llegado a un punto crucial: la creación de eventos inolvidables. En este capítulo, "Eventos inolvidables: diseño, organización y producción", nos sumergiremos en el universo de la planificación y ejecución de eventos que dejan una impresión duradera en la memoria de los asistentes.

El arte de la experiencia

Cada evento es una narración en sí misma; una oportunidad para crear un mundo temporal donde la magia sucede. Empezaremos por explorar qué hace que un evento sea inolvidable. Desde la elección del tema hasta la creación de una atmósfera envolvente, este capítulo te ayudará a descubrir cómo convertir cada evento en una experiencia única.

Diseño creativo

El diseño de eventos es el lienzo en blanco donde se pinta la historia. Selecciona lugares excepcionales, elige la decoración adecuada y crea una atmósfera que resuene con la audiencia. Cada detalle, desde la disposición de los asientos hasta la iluminación, debe ser considerada para asegurarnos de que tu evento tenga un impacto visual y emocional.

Organización sin fallos

El éxito de cualquier evento radica en una planificación precisa y una organización meticulosa. Desde la gestión de presupuestos hasta la coordinación de equipos y proveedores, debes aprender las habilidades esenciales para llevar a cabo eventos sin problemas. Algo imprescindible siempre en el mundo de los eventos es anticipar desafíos y enfrentar imprevistos con calma y eficiencia.

Producción en vivo

La producción en vivo es el momento culminante de cualquier evento. Debes aprender y tener la capacidad de dirigir la acción, mantener el ritmo y garantizar que todo fluya sin problemas. No olvides jamás los aspectos técnicos —gestión de sonido e iluminación—, para asegurarte de que tu evento sea una experiencia multisensorial y a la altura de lo que la competencia sabe hacer muy bien.

Lecciones de la vida real

Hoy en día, en cualquier blog de organizadores de eventos, promotores de conciertos, wedding planners, perfiles de Instagram, TikTok, YouTube, etc., existen miles de profesionales que comparten sus historias de éxitos y desafíos. Sus experiencias reales te ofrecerán valiosas lecciones para aplicar en tus propios proyectos. Desde conciertos multitudinarios hasta eventos íntimos, encontrarás inspiración y conocimientos prácticos.

PLANIFICACIÓN DETALLADA Y EJECUCIÓN DE EVENTOS EMOCIONANTES

La creación de eventos emocionantes es una obra de arte que combina habilidades creativas con una meticulosa planificación y ejecución. Los eventos exitosos no ocurren por casualidad; se forjan a través de una planificación detallada y una ejecución magistral. En los siguientes párrafos exploraremos los pasos claves para planificar y ejecutar eventos que emocionen y dejen una impresión duradera en el público.

Paso 1: definir el objetivo y la audiencia

Cada evento debe tener un propósito claro. ¿Estás organizando una conferencia educativa, una gala benéfica o un concierto emocionante? Define tus objetivos y comprende a tu audiencia. Esto servirá como base sobre la que construirás todo el evento. Recuerda que debes enfocarte y olvidarte de cualquier interferencia que te saque del viaje que quieres diseñar y, por supuesto, del destino final. Sabemos que el lado creativo te ofrecerá infinitas opciones, pero no pierdas el foco, por favor.

Paso 2: diseñar la experiencia

La experiencia es el corazón de cualquier evento emocionante. Crea un concepto que envuelva a tus asistentes. Diseña una narrativa que guíe a través del evento y cree momentos memorables. Piensa en la atmósfera, la estética, la disposición del espacio y los detalles que sorprenderán y emocionarán a tu audiencia. Piensa qué comentarán esas personas al día siguiente en el trabajo o en otro evento social. Si hablan de tu evento, habrás logrado el resultado al que me refiero aquí.

Paso 3: planificación y organización

La planificación meticulosa es esencial. Desglosa el proceso en tareas específicas, establece un calendario y asigna responsabilidades. Desde la selección del lugar y la contratación de proveedores hasta la logística y el presupuesto, cada detalle cuenta. Mantén una comunicación clara y efectiva con tu equipo para garantizar una ejecución impecable.

Paso 4: creatividad en la ejecución

La ejecución es donde la planificación cobra vida. La creatividad desempeña un papel fundamental. Cuida cada aspecto, desde la llegada de los asistentes hasta la producción en vivo. Considera la música, la iluminación, el entretenimiento y la interacción con la audiencia. Los momentos inesperados y emocionantes son a menudo los más recordados.

Paso 5: gestión de contingencias

A pesar de llevar a cabo una planificación exhaustiva, siempre pueden surgir imprevistos. La gestión de contingencias o imprevistos es esencial. Ten un plan de respaldo para cualquier situación, desde problemas técnicos hasta cambios climáticos. La capacidad de adaptación y la calma bajo presión son vitales.

Paso 6: medición y evaluación

Una vez que el evento haya concluido, no olvides evaluar su éxito. ¿Se cumplieron los objetivos? ¿Qué funcionó y qué se podría mejorar? La retroalimentación del público y del equipo es invaluable para futuros eventos emocionantes. Yo siempre lo llamo Los "LEARNINGS".

El telón puede haber caído y los aplausos quizás se hayan silenciado, pero la obra que es tu evento está lejos de haber concluido. Es aquí donde nace el concepto que siempre recalco: "LOS LEARNINGS", la esencia de un crecimiento continuo en la vertiginosa industria del entretenimiento. Este análisis posevento es lo que separa un evento exitoso de un ciclo de eventos exitosos.

Importancia de la inmediatez

Esta etapa de introspección debe ser una prioridad y debe llevarse a cabo el primer día laborable disponible después del evento. La inmediatez es crucial porque los detalles aún están frescos y las emociones aún palpables, permitiendo un análisis más preciso y genuino.

Configurando la sala

Antes de comenzar, asegúrate de que el espacio de la reunión fomente una atmósfera abierta y acogedora. Las emociones pueden estar a flor de piel, especialmente después de un evento importante, por lo que es vital que todos se sientan cómodos para compartir sus pensamientos sin temor a represalias o juicios.

Sección 1: objetivos y metas

Comienza con un repaso exhaustivo de los objetivos trazados para este evento. Desglosa cada uno y evalúa si se alcanzaron, superaron o, por el contrario, quedaron a medio camino. No solo señales si se cumplieron, sino también cuantifica el nivel de éxito con métricas claras.

Sección 2: celebrando los éxitos

Ahora es el momento de destacar y celebrar las victorias. Quizás tu equipo logró una coordinación logística impecable o la campaña de marketing previa al evento generó un alto nivel de interacción. No escatimes en elogios y reconocimientos; la moral alta es un impulso para futuros desafíos.

Sección 3: áreas de mejora

Procede a discutir lo que no salió según lo planeado. Aquí es crucial adoptar un enfoque de "no culpa". Esta conversación no debe ser una inquisición, sino una exploración colectiva para descubrir cómo se puede hacer mejor la próxima vez.

Sección 4: acciones correctivas

Establece un plan de acción detallado para evitar repetir los errores. Asigna responsables específicos para cada tarea y establece plazos para su implementación. Este debe ser un plan tangible, documentado y monitoreado regularmente.

Sección 5: retroalimentación del equipo

Reserva tiempo para la retroalimentación abierta del equipo. ¿Qué aspectos les parecieron más desafiantes? ¿Qué recursos adicionales sienten que podrían mejorar su eficacia en futuros eventos?

Sección 6: cierre y motivación

Termina esta reunión capitalizando la energía colectiva. Agradéceles a todos por su arduo trabajo, su dedicación y su arte. Inyecta una dosis de motivación para el siguiente proyecto, recalcando que cada evento es una pincelada en la obra maestra que están creando juntos.

Conclusión

Los "Learnings" no son simplemente un acto de reflexión, sino una inversión a largo plazo en la excelencia. Se convierten en la brújula que guía tu travesía en el mundo del entretenimiento, permitiendo que tanto tú como tu equipo se transformen, adaptando cada nuevo escenario como si fuese una nueva oportunidad para crear arte.

Reuniones regulares de equipo: el pulso que sincroniza la orquesta

Desde hace varios meses he adoptado una práctica que considero indispensable en el mundo empresarial y que resulta aún más crucial en la industria del entretenimiento: las reuniones regulares de equipo. Las hacemos los martes a primera hora esté quien esté en la oficina pues es raro que estemos todos siempre.

Estas reuniones no son meros puntos en un calendario: son el pulso de la empresa, los momentos en los que pausamos nuestra frenética actividad para sintonizarnos como un solo ser, como una orquesta afinada.

Razón de ser

Estas sesiones cumplen con múltiples propósitos: evaluar el estado de los proyectos en curso, hacer un diagnóstico de la salud corporativa, examinar el progreso del viaje empresarial en el que estamos inmersos y trazar estrategias para los objetivos a corto y largo plazo. Aunque pueda parecer una labor genérica, es necesaria para cualquier empresa sin importar su ámbito, pero en el mundo del entretenimiento toma una dimensión absolutamente vital.

El universo del entretenimiento

En el mundo del entretenimiento —donde nos movemos entre artistas, giras, conciertos, y una variedad de eventos— no hay lugar para la improvisación. Es cierto que quizás en alguna ocasión la improvisación aporta ese toque de magia, pero incluso esa "magia" debe estar meticulosamente planeada. En una industria en la que cada detalle cuenta, desde la acústica de un escenario hasta la iluminación en un show, cada decisión tiene el potencial de elevar una experiencia al rango de arte puro o hacerla descender al abismo del olvido.

La precisión milimétrica

La necesidad de que todo esté perfectamente milimétricamente organizado y previsto no es un lujo: es una exigencia. En las reuniones analizamos hasta el más mínimo detalle, desde los costos operativos hasta las emociones que queremos evocar en nuestra audiencia. Estas discusiones detalladas nos permiten minimizar los riesgos y maximizar la excelencia permitiendo que cada evento se convierta en una obra maestra en sí misma.

Cultura de evaluación continua

La regularidad de estas reuniones fomenta una cultura de evaluación continua. Cada miembro del equipo tiene una idea clara de lo que se espera de él y comprende cómo su rol individual contribuye al cuadro general. Esto crea un ambiente de responsabilidad compartida, donde todos se sienten como participantes activos de una misión más grande.

Un equipo unido

Pero no todo es trabajo y planeación; también reservamos momentos para reconocer y celebrar nuestros logros. Estos momentos de apreciación fortalecen la cohesión del equipo y nos recuerdan por qué hacemos lo que hacemos: por amor al arte.

Si me preguntas, ninguna empresa que aspire a la grandeza puede darse el lujo de no tener estas reuniones regulares. Pero para quienes dedicamos al mundo del entretenimiento, son absolutamente innegociables. No son una opción: son una obligación que abraza tanto la ciencia de la logística como el arte de la creación. En este libroquiero enfatizar su importancia, no como una formalidad corporativa, sino como el latido del corazón en el cuerpo del arte del entretenimiento.

CONSEJOS PARA CREAR EXPERIENCIAS MEMORABLES PARA ARTISTAS Y PÚBLICO

En el show business, la creación de experiencias memorables es la clave para el éxito. Ya sea que estés organizando un concierto, una obra de teatro, un festival o cualquier evento artístico, el objetivo final es crear momentos que perduren tanto en la memoria de los artistas como en la del. En esta sección exploraremos algunos consejos fundamentales para lograr precisamente eso: experiencias inolvidables.

1. Comprende a tu audiencia

El primer paso para crear una experiencia memorable es conocer a tu audiencia. ¿Qué tipo de arte o entretenimiento le atrae? ¿Qué emociones desea experimentar? Asegúrate de que tu evento resuene con sus intereses y expectativas.

2. Enfoque en la calidad artística

La calidad artística es esencial. Se trate de un músico, un actor o cualquier otro artista, la excelencia en su actuación es fundamental. Trabaja con artistas talentosos y asegúrate de que tengan las condiciones adecuadas para destacar en su arte.

3. Diseña una narrativa

Cada evento es una historia en sí misma. Diseña una narrativa coherente que guíe a los artistas y al público a través de una experiencia significativa. Considera cómo se desarrollará la trama desde el inicio hasta el clímax y el desenlace.

4. Cuida los detalles

Los pequeños detalles pueden marcar la diferencia. Presta atención a la iluminación, la acústica, el escenario, la escenografía y otros aspectos visuales y técnicos que influyen en la percepción del público y en la comodidad de los artistas.

5. Fomenta la interacción

Crear experiencias memorables implica involucrar al público. Diseña momentos de interacción, ya sea a través de preguntas y respuestas con los artistas, votaciones en vivo o la posibilidad de interactuar en las redes sociales. Esto fortalece la conexión entre el público y el arte.

6. Sorprende y emociona

Incorpora elementos sorpresa que despierten emociones. Pueden ser momentos inesperados en la actuación, invitados sorpresa o efectos visuales impactantes. La emoción es clave para crear recuerdos duraderos.

7. Ofrece comodidad y seguridad

Un público cómodo y seguro disfrutará más de la experiencia. Asegúrate de que las instalaciones sean adecuadas, con asientos cómodos, servicios limpios y medidas de seguridad. La comodidad y la seguridad contribuyen a una experiencia positiva.

8. Crea momentos icónicos

Busca crear momentos icónicos que se conviertan en el sello distintivo de tu evento. Pueden ser momentos musicales memorables, escenas impactantes o interacciones conmovedoras entre artistas y público.

9. Recopila comentarios y aprende

Después del evento recopila comentarios tanto de los artistas como del público. Esto te ayudará a identificar áreas de mejora y a ajustar futuras experiencias.

Conclusiones

La creación de experiencias memorables para artistas y público es un arte en sí mismo. Requiere creatividad, atención a los detalles y una profunda comprensión de las expectativas y emociones humanas. Cada evento es una oportunidad para dejar una huella imborrable en la memoria de todos los involucrados.

Este capítulo es un recurso esencial para todos los que buscan crear momentos que trasciendan en el tiempo y espacio dentro del mundo del arte y el entretenimiento. A través de estos consejos estarás mejor preparado para diseñar experiencias que dejen una impresión perdurable tanto en los artistas como en el público.

NOTAS DEL LECTOR ↘

INNOVACIÓN EN LOS NEGOCIOS DE ENTRETENIMIENTO

La industria del entretenimiento es conocida por su constante evolución y cambio, y en este capítulo nos adentraremos en el emocionante mundo de la innovación en los negocios de entretenimiento. Abordaremos en detalle dos aspectos fundamentales de la innovación en esta industria que son esenciales para sobresalir y prosperar en un mercado competitivo.

Explorar formas creativas de generar ingresos en la industria

Una de las claves para el éxito en la industria del entretenimiento es la diversificación de las fuentes de ingresos. Esto no solo implica la creación de nuevas fuentes de ingresos, sino también la búsqueda de enfoques únicos y creativos para aprovechar las existentes. Aquí, desglosamos algunas estrategias innovadoras:

Modelos de suscripción personalizados: Los modelos de suscripción se han convertido en un pilar en la industria del entretenimiento, pero la innovación reside en la personalización. ¿Qué tal ofrecer suscripciones que se adapten a los gustos y preferencias individuales de los fans? Esto no solo brinda ingresos regulares, sino que también cultiva una base de seguidores comprometidos y leales.

Colaboraciones estratégicas: Las colaboraciones pueden ser una puerta de entrada a nuevas fuentes de ingresos. ¿Qué tal asociarse con otras empresas o artistas para crear productos conjuntos o eventos colaborativos? Esto no solo amplía la visibilidad, sino que también aumenta las oportunidades de ingresos.

Experiencias en vivo innovadoras: El entretenimiento en vivo es un componente crucial en la industria. La innovación aquí puede implicar la creación de eventos en vivo con elementos interactivos que mantengan a los fans emocionados y comprometidos. Piensa en conciertos virtuales con funciones de chat en vivo o votación de canciones.

Exploración de nuevos mercados y audiencias: La expansión a mercados internacionales y la búsqueda de audiencias no tradicionales pueden generar ingresos significativos. ¿Cómo puedes adaptar tu contenido o productos para atraer a un público global o a nichos específicos?

Estrategias de licencia y franquicia: La innovación puede implicar la explotación de oportunidades de licencia y franquicia. Esto permite que tu propiedad intelectual se utilice en una variedad de formas y lugares generando ingresos adicionales.

Realidad aumentada (AR) y realidad virtual (VR): La tecnología AR y VR ofrece oportunidades emocionantes. Puedes crear experiencias inmersivas y exclusivas que atraigan a una audiencia ávida de nuevas experiencias.

Venta de activos digitales: La tokenización de activos digitales permite a los creadores vender activos únicos y coleccionables, como obras de arte digitales o momentos destacados de eventos en línea.

Proporcionar ideas innovadoras para monetizar el talento artístico

Monetizar el talento artístico es un desafío constante. Aquí, ofrecemos ideas y estrategias creativas para que artistas y creadores generen ingresos de manera sostenible:

Merchandising personalizado: El merchandising va más allá de camisetas y pósteres. Piensa en productos personalizados que reflejen la esencia de tu arte. Desde ediciones limitadas de productos hasta elementos de moda únicos, el merchandising puede convertirse en una fuente significativa de ingresos.

Nuevas plataformas digitales: El mundo digital ofrece oportunidades emocionantes. Explora plataformas emergentes y considera cómo las criptomonedas pueden brindar oportunidades únicas para que los artistas moneticen su trabajo.

Educación y formación: Compartir tus habilidades y conocimientos a través de cursos en línea, talleres y seminarios web puede generar ingresos. Además, construirás una comunidad sólida de seguidores que valoran tu experiencia y contenido educativo.

Crowdfunding y patrocinios: Si tienes un proyecto creativo en mente, el crowdfunding puede ser una forma efectiva de financiarlo. Además, los patrocinios de marcas pueden brindarte los recursos necesarios para llevar a cabo tus proyectos mientras mantienes a tus seguidores comprometidos.

Participación en eventos en vivo y giras: Además de los conciertos tradicionales, considera la posibilidad de crear experiencias exclusivas para tus seguidores, como eventos privados, encuentros con fanáticos o giras temáticas. Estas experiencias pueden generar ingresos sustanciales y fortalecer la relación con tu audiencia.

Venta de derechos de autor y licencias: Si posees música, arte o contenido digital, la venta de derechos de autor y licencias puede generar ingresos pasivos a largo plazo. Explora oportunidades de licencia para tu trabajo en películas, anuncios o videojuegos.

Apoyo de fanáticos y membresías: Las plataformas de apoyo de fanáticos y membresías permiten a los seguidores respaldar directamente a los artistas a cambio de contenido exclusivo, acceso temprano o participación en la toma de decisiones creativas.

La innovación en los negocios de entretenimiento es esencial para el éxito y el crecimiento continuo en esta industria en constante cambio. Al abordar estrategias creativas y pensar fuera de la caja en la generación de ingresos y la monetización del talento artístico, los profesionales y creadores pueden prosperar en este emocionante panorama del entretenimiento. Este capítulo proporciona una visión profunda de cómo la industria está evolucionando y cómo los individuos pueden aprovechar estas estrategias innovadoras para alcanzar el éxito y prosperar.

SUPERANDO OBSTÁCULOS: APRENDIZAJE DE FRACASOS

El vertiginoso mundo del entretenimiento es un escenario donde los éxitos y los fracasos se entrelazan constantemente, forjando el camino hacia el logro y la excelencia. Es fundamental comprender y valorar la importancia de aprender de los fracasos, ya que estos pueden transformarse en valiosas oportunidades de crecimiento en la industria del entretenimiento.

Compartir proyectos que no tuvieron éxito y las lecciones aprendidas

Uno de los aspectos más enriquecedores de la experiencia en la industria del entretenimiento es la capacidad de reflexionar sobre los proyectos que no alcanzaron el éxito esperado. Los líderes y productores de eventos a menudo se enfrentan a desafíos inesperados y a resultados que no cumplen con sus expectativas. Estos obstáculos, aunque pueden resultar desalentadores en un primer momento, ofrecen una rica fuente de aprendizaje.

Es esencial compartir con otros profesionales y aspirantes aquellos proyectos que no obtuvieron el resultado esperado. Esto no debe considerarse como un ejercicio de derrota, sino como una oportunidad de aprendizaje valiosa. Al compartir estas experiencias, los profesionales pueden destacar las decisiones que tomaron, las estrategias que implementaron y cómo se sintieron cuando se encontraron con obstáculos aparentemente insuperables. Al hacerlo, proporcionan una visión realista y enriquecedora de la industria del entretenimiento, que a menudo se encuentra llena de desafíos y altibajos.

Además, compartir ejemplos reales de proyectos que no tuvieron éxito puede resultar extremadamente beneficioso para aquellos que están comenzando en la industria. Ayuda a desmitificar el mundo del entretenimiento, mostrando que incluso los profesionales más exitosos han enfrentado fracasos en su camino hacia el logro. Este conocimiento puede infundir confianza en los emprendedores y artistas emergentes, recordándoles que el fracaso es una parte natural del proceso de crecimiento y desarrollo en este negocio.

Mostrar cómo los fracasos pueden ser oportunidades para el crecimiento

Es crucial transmitir el mensaje de que los fracasos no deben ser vistos como el fin del camino, sino como un punto de partida para el crecimiento y la mejora. Los obstáculos superados y los proyectos fallidos pueden catalizar ajustes en las estrategias, fomentar una mayor atención a los detalles y desarrollar una resiliencia excepcional en el negocio del entretenimiento.

Los fracasos, lejos de ser derrotas, son oportunidades para una profunda reflexión y autodescubrimiento. Los profesionales pueden aprender a ser más flexibles, a adaptarse rápidamente a situaciones cambiantes y a mantener una mentalidad positiva incluso en los momentos más desafiantes. Cada fracaso puede ser visto como un paso más hacia el éxito, ya que brinda valiosas lecciones que, de otra manera, podrían haber pasado desapercibidas.

En resumen, superar obstáculos y aprender de los fracasos es una parte esencial del viaje en la industria del entretenimiento. Compartir estas experiencias, detallar ejemplos reales y mostrar cómo los fracasos pueden convertirse en oportunidades para el crecimiento son formas fundamentales de enriquecer el conocimiento de aquellos que buscan triunfar en este emocionante y desafiante campo.

PUNTUALIDAD, ELEMENTO ESENCIAL DE CUALQUIER EVENTO CULTURAL.

El respeto al público y la puntualidad en eventos culturales

De sobra sabemos que en el mundo del entretenimiento, el público juega un papel central y fundamental. Cada persona que asiste a un evento, ya sea un concierto, una obra de teatro o cualquier espectáculo, es una muestra de aprecio, respeto y reconocimiento al arte y al esfuerzo de los artistas y organizadores. El acto de adquirir una entrada y asistir a un evento ya es, en sí mismo, un compromiso. Este compromiso, sin duda, merece ser correspondido con la máxima profesionalidad y respeto.

La importancia de la puntualidad como reflejo de la profesionalidad

Cuando se organiza un evento, se están estableciendo, de manera implícita, una serie de promesas con el público. Una de las más esenciales es el horario. Empezar a tiempo no solo demuestra compromiso con la agenda establecida, sino que refleja una meticulosa preparación, una organización eficiente y, sobre todo, un profundo respeto hacia todos los asistentes. El público, al notar esta profesionalidad, genera confianza hacia los organizadores y artistas, incrementando la posibilidad de que regresen a futuros eventos.

El respeto al compromiso del espectador

Comprar una entrada para un evento no es simplemente una transacción financiera. Es una inversión emocional, una muestra de interés, y en muchas ocasiones, implica un esfuerzo logístico por parte del espectador: organizar el transporte, cuadrar horarios, e incluso, en algunos casos, viajar largas distancias. No respetar la puntualidad es, en cierta medida, no valorar todo ese esfuerzo y compromiso. Es vital recordar que cada minuto de retraso es un minuto menos de disfrute para quienes han llegado a tiempo cuando se habla, por ejemplo de festivales que tienen un cronograma que cumplir.

Evitar la normalización del retraso

Si se cae en la rutina de empezar los eventos tarde, se corre el riesgo de que el público empiece a asumir que ese es el estándar. Esto puede generar una mentalidad donde se espera que siempre haya retrasos, llevando a más personas a llegar tarde, lo que perpetúa el ciclo. Romper este círculo es crucial para mantener la integridad y calidad del evento y la experiencia del espectador.

Equilibrio entre circunstancias imprevistas y puntualidad

La realidad es que, a veces, surgen imprevistos que están fuera del control de los organizadores. Sin embargo, la clave está en cómo se gestionan estas situaciones. En lugar de simplemente aceptar el retraso, es vital buscar soluciones proactivas, ya sea acelerando ciertos procesos, ajustando la logística o encontrando alternativas que minimicen el impacto en el horario original. La anticipación y la preparación para posibles contingencias pueden hacer la diferencia entre un leve contratiempo y un retraso significativo.

Comunicación clara y transparente

Cuando se presenta un retraso, sea cual sea la razón, el público merece estar informado. Una comunicación clara, honesta y transparente puede hacer la diferencia en cómo el público percibe y reacciona ante la situación. Mantener al público en la oscuridad solo genera frustración y descontento. Por el contrario, explicar la situación y las acciones que se están tomando para resolverla puede generar empatía y comprensión.

Conclusión

La puntualidad es un elemento esencial en cualquier evento cultural. No es solo una cuestión de horarios o logística, sino un reflejo del respeto y valor que los organizadores y artistas otorgan a su público. Al final del día, un público satisfecho y respetado es la mejor publicidad para cualquier evento futuro

NOTAS DEL LECTOR

INSPIRANDO Y GUIANDO A OTROS.

CAPÍTULO 11

INSPIRACIÓN DESDE EL ESCENARIO: EXPERIENCIAS PERSONALES

En esta sección, el escenario no se refiere a un espacio físico donde se presentan artistas, sino al teatro de la vida, a los caminos que recorro diariamente en el ámbito profesional. Al igual que un artista se prepara para su actuación, yo también ensayo, me preparo y actúo en mi propio escenario: el mundo de los negocios y el entretenimiento. Aquí comparto algunas reflexiones e ideas que han sido pilares en mi camino hacia el éxito.

La vida es un ensayo constante

No todos los días serán perfectos. Habrá momentos en los que sientas que estás fuera de tono o desincronizado. Pero cada experiencia —buena o mala—, es una oportunidad para aprender y mejorar.

El guion no está escrito

Aunque es esencial tener un plan y una dirección, la flexibilidad es clave. Las circunstancias cambian, y debemos estar dispuestos a adaptarnos, reescribir nuestro guion y seguir adelante.

El vestuario importa

No me refiero solo a la ropa que llevas, sino a cómo te presentas al mundo. Tu ética de trabajo, tu integridad y tu pasión son partes fundamentales de tu "vestuario". Asegúrate de que estén en buen estado y listos para mostrar al mundo.

Cada día es una nueva función

Da lo mejor de ti en cada momento, ya sea una reunión importante o una charla casual en la cafetería. Nunca sabes quién está observando o qué oportunidades pueden surgir.

El público cambia

No todos apreciarán lo que haces o cómo lo haces. Y está bien. Aprende a discernir entre críticas constructivas y ruido de fondo. Aprecia a aquellos que te apoyan y aprende de aquellos que ofrecen consejos valiosos.

El telón puede bajar, pero el show debe continuar

Enfrentarás reveses y desafíos. Habrá días en los que sientas que el telón está bajando prematuramente en tu carrera. Pero recuerda, después de cada final hay un nuevo comienzo. Es tu responsabilidad levantar ese telón y continuar con el espectáculo.

Estas reflexiones y muchas otras que he recogido a lo largo de los años, son el producto de mi paso por el escenario de la vida. No son reglas fijas, sino lecciones aprendidas, pensamientos que me han ayudado a mantenerme en pie y seguir avanzando en el siempre cambiante mundo del entretenimiento y los negocios. A menudo la gente me ha mirado con asombro, pensando que poseía un talento sobrenatural o alguna habilidad fuera de lo común que me elevaba por encima del resto.

Pero la verdad es que nunca me he considerado una persona superdotada ni un fuera de serie. Lo que realmente me define es ser una persona luchadora, perseverante, optimista, con ilusión y con una ética de trabajo inquebrantable. Estos atributos han sido la brújula que me ha guiado a través de los desafíos y triunfos de mi carrera.

Hoy me encuentro en el lugar donde alguna vez soñé estar, rodeado de figuras que admiraba desde la distancia hace dos décadas. Pero, al mirarme en el espejo, no me dejo llevar por la autocomplacencia.

Entiendo que no puedo dar por sentado mi lugar en el mundo del arte y el entretenimiento. De hecho, siempre aspiro a crecer, a ser mejor y a superarme cada día. Podría parecer que hablo desde el ego o el narcisismo, pero es más bien una reflexión sobre el impulso de seguir adelante y la necesidad de competir siempre contra uno mismo. No es la complacencia, sino la ambición la que me mantiene en marcha.

Hay once frases incluso más importantes que las anteriores que han sido mi mantra durante años:

Cuanto más entreno, más suerte tengo

Esta frase aborda el concepto fundamental de que el éxito no es meramente el producto de circunstancias favorables o suerte aleatoria, sino más bien una consecuencia directa de la preparación, la dedicación y el esfuerzo constante. Esta idea se alinea perfectamente con las intrincadas dinámicas del mundo del entretenimiento, la gestión de artistas y el marketing.

En este ámbito, la competencia es feroz y las oportunidades son escasas. La "suerte" en este contexto no suele ser un golpe de buena fortuna, sino el resultado de haber invertido tiempo y energía en desarrollar habilidades, en conocer a las personas adecuadas y en estar en el lugar adecuado en el momento adecuado.

Pero incluso ese "momento adecuado" es a menudo una creación propia; es decir, se manifiesta debido a toda la preparación que se ha hecho antes de ese instante.

Esta frase también sugiere que la "suerte" es en gran medida una cuestión de perspectiva. Lo que para un observador externo puede parecer un golpe de suerte, para la persona involucrada es el resultado de años de práctica, fracaso, aprendizaje y adaptación continua.

En mi experiencia, en momentos críticos —como cuando se firma un nuevo artista o se lanza una campaña de marketing exitosa—, la "suerte" se siente menos como un golpe de destino y más como una validación del arduo trabajo y la preparación.

Por lo tanto, en mi vida y carrera, adoptar la mentalidad de "Cuanto más entreno, más suerte tengo" me ha ayudado a enfocar mi energía en lo que realmente puedo controlar: mi propio desarrollo y preparación. Al hacerlo he encontrado que las oportunidades no solo surgen con más frecuencia, sino que estoy mejor equipado para aprovecharlas cuando se presentan.

Cada vez que tomo conciencia de que algún día me tengo que morir, no tengo miedo a perder nada

Una reflexión profunda sobre la naturaleza efímera de la vida y cómo, en el gran esquema de las cosas, los riesgos materiales no son nada comparados con la satisfacción de seguir una pasión. Como dice el dicho, la historia la escriben los valientes, y en mi caso, también los locos.

Todos somos iguales, más o menos

Una frase que me repetía constantemente mi padre desde que era un niño. Pero, a diferencia de su aparente simplicidad, esconde una profunda verdad sobre la diversidad del compromiso humano. No todos estamos dispuestos a entregarlo todo y a sacrificar el presente por un futuro incierto. Quienes sí lo hacen, quienes invierten tiempo, esfuerzo y pasión en un proyecto sin garantías inmediatas, tarde o temprano cosechan los frutos más dulces. Esta frase se ha convertido en una filosofía grabada en mi ADN.

Peor está "el de las pizzas"

Esta frase se ha convertido en un recordatorio poderoso y en una especie de mantra personal cada vez que enfrento dificultades en mi trabajo o vida personal. Mi hermano Jorge me la dijo una vez hace bastantes años mientras tomábamos un café en Elche, poco antes de iniciar las tareas de producción para un concierto de Montserrat Caballé en el Gran Teatro de Elche.

Me quejaba de los obstáculos que enfrentábamos en ese momento por algún motivo irrelevante y normal antes de un concierto, y él me señaló a un hombre en una pizzería cercana, una tienda de esas que venden pizzas por trozos a los clientes que paraban por la calle. Era probablemente el dueño, un trabajador incansable que tenía que dedicar incontables horas, días y semanas para lograr un ingreso decente después de cubrir todos los gastos que implican tener un pequeño negocio.

Aquel señor se convirtió en un símbolo personal de resistencia y de la capacidad humana para perseverar a pesar de las adversidades. Cada vez que la frase "Peor está el de las pizzas" cruza mi mente, me recuerda la importancia de poner mis problemas en perspectiva. Me ayuda a entender que, a pesar de las adversidades que pueda enfrentar en mi camino, siempre hay alguien que está luchando batallas aún más duras.

Este mantra me recuerda que no tengo derecho a quejarme inútilmente; en cambio, debería canalizar esa energía hacia soluciones constructivas y continuar esforzándome en mis objetivos. En el mundo del entretenimiento y los negocios en el que vivo, es fácil perderse en problemas menores y olvidar el cuadro más grande. "Peor está el de las pizzas" es un recordatorio humilde pero poderoso de que, no importa cuán grandes puedan parecer nuestros problemas: siempre hay lugar para la gratitud y la perspectiva.

No hay una segunda oportunidad para generar una buena primera impresión Este adagio tan conocido es especialmente cierto en el mundo acelerado del entretenimiento y los negocios. En una era donde las decisiones se toman en cuestión de segundos y donde la competencia es feroz, la primera impresión puede ser la diferencia entre una puerta abierta y una cerrada.

Ya sea en una reunión con potenciales socios, una presentación de un proyecto o simplemente al enviar un correo electrónico, el modo en que te presentas y comunicas desde el inicio determina la percepción y confianza que otros tendrán en ti. La excelencia, la preparación y la autenticidad deben ser visibles desde el primer encuentro. Después de todo, una vez que se ha formado una primera impresión, cambiarla puede ser un desafío considerable.

Es por eso por lo que siempre insisto en la importancia de estar preparado, ser puntual y presentarse de la mejor manera posible en cualquier situación. En el escenario de la vida, el debut importa mucho.

Peor es morirse

Esta última frase —cortesía de Victoria—, es un recordatorio de que, por muy grandes que sean los desafíos que enfrentemos, siempre habrá una forma de superarlos y seguir adelante mientras tengamos vida.

Quien tenga miedo a morir que no nazca

Esta es la frase que Marta siempre me recuerda cuando nos enfrentamos a situaciones de riesgo o peligrosas. Ya sea en países en guerra (como de hecho ha sucedido), volando en aviones de hélice con compañías de dudosa reputación, o produciendo eventos en áreas conflictivas, esta frase se convierte en un mantra que subraya la audacia y la resiliencia necesarias en tu línea de trabajo.

En este contexto, la frase deja de ser un mero conjunto de palabras para convertirse en un principio rector en la vida y el trabajo. En los momentos de incertidumbre y riesgo es una fuente de fortaleza, un recordatorio constante de que la valentía es una elección consciente. En un mundo como el del entretenimiento y la gestión de artistas donde la incertidumbre es la única certeza, asumir riesgos no es una opción, sino un requisito.

La frase se convierte así en un faro que nos guía a través de los desafíos, recordándonos que el miedo solo tiene el poder que estamos dispuestos a concederle. Es un recordatorio de que nuestra disposición para enfrentar lo desconocido, armados con audacia y resiliencia, es lo que en última instancia define nuestro éxito o fracaso.

Y en un campo tan exigente como el nuestro tales recordatorios son no solo útiles, sino absolutamente esenciales.

Soy joven y tengo derecho a ser feliz

Pronunciada por Natalia en un momento crucial, esta frase subraya la importancia de encontrar un equilibrio entre la vida profesional y personal, incluso en una industria tan exigente como la del entretenimiento.

Lo hicimos porque no sabíamos que era imposible

Compartida por primera vez por Higinio, se ha convertido en una especie de lema no oficial en mi vida profesional. Este enunciado encarna la filosofía de abordar los desafíos con una mezcla de audacia y una dulce ignorancia voluntaria hacia las "imposibilidades" que nos rodean.

La idea esencial aquí es la liberación del miedo al fracaso. En el competitivo mundo del entretenimiento y la gestión de artistas, donde a menudo me encuentro, los riesgos son altos y los errores pueden ser costosos. Sin embargo, el mantra de Higinio me recuerda que las mayores victorias a menudo vienen envueltas en la capa del riesgo, en enfrentar aquello que a primera vista parece ser insuperable.

Este enfoque me ha llevado a realizar proezas que, de haber conocido todas las variables y desafíos de antemano, podrían haberme hecho retroceder. Ya sea negociar un acuerdo complejo, organizar un evento en un plazo ajustado, o adaptarme a circunstancias imprevistas, esta actitud me ha permitido enfrentar cada desafío con un optimismo casi ingenuo pero efectivo.

Cada vez que enfrento una nueva situación que parece tener más obstáculos que oportunidades, pienso en esa frase. Y de alguna manera, el simple acto de creer que es posible me ha abierto puertas que de otra manera habrían permanecido cerradas.

En ese sentido, la frase no solo se ha convertido en un mantra sino en un catalizador de éxito, una constante en la ecuación de mi crecimiento y desarrollo tanto en la vida como en la carrera.

Hoy decido ser feliz con lo que hay

Se trata de una poderosa afirmación que encapsula la esencia de tomar el control de nuestra propia felicidad. En el mundo del entretenimiento o "Show Business" como lo llaman los Sharks de la industria, donde las métricas del éxito y la aprobación externa a menudo oscurecen nuestro sentido de autoestima, esta frase nos devuelve la autoridad sobre nuestro bienestar emocional.

La reflexión sobre esta frase, tan marcadamente influenciada por mi querida Sissy, resuena de manera universal sin importar el contexto en el que uno se encuentre. Esta frase nos recuerda que, a pesar de las circunstancias externas, tenemos el poder de elegir nuestra respuesta emocional. Y esta elección no es trivia: es un acto de voluntad que puede tener un profundo impacto en nuestra calidad de vida.

Esta perspectiva es especialmente enriquecedora porque, aunque hayamos tenido una vida llena de experiencias y logros, debemos reconocer que la verdadera felicidad no se encuentra en los bienes materiales o en el reconocimiento externo. Esto es algo que muchas personas pasan toda una vida sin entender.

También me parece relevante destacar la universalidad de este mensaje. Aunque nuestras circunstancias puedan diferir de las de otros, el poder de la elección, de decidir ser feliz con lo que hay, es un mensaje que resuena en todos los niveles de la experiencia humana. Esa capacidad para apreciar lo que tenemos, para valorar nuestras relaciones y experiencias, es lo que nos permite vivir una vida plena y significativa.

Por último, la frase se convierte en un mantra que nos guía a través de las complejidades de la vida, recordándonos que lo único que realmente poseemos es este momento, y es nuestra elección llenarlo de gratitud y felicidad. Es un recordatorio de que la felicidad es una elección consciente y que hacer esa elección tiene el poder de cambiarlo todo, incluso cuando las circunstancias externas parecen inmutables. Es una frase que empodera y libera, permitiéndonos vivir nuestras vidas con una profundidad y significado auténticos.

No te comprometas con algo que no seas capaz de cumplir

Para ello hay que anticiparse a toda la eventualidad para evitar posibles errores: hay que buscar la perfección absoluta con el objetivo de minimizar los fallos; hay que conocer al máximo todos los actores que participan en un proyecto y hay que intentar aplicar, por supuesto, la empatía en todos los momentos. Es aceptar también que todos todas las partes deben ganar. Hay que valorar siempre al equipo, motivarlo, cuidarlo e incentivarlo, disfrutando el proceso.

Esta directriz es una hoja de ruta completa para la gestión eficiente de cualquier proyecto o iniciativa. No es simplemente una precaución contra el exceso de confianza o la mala planificación, sino una filosofía de trabajo integral que aboga por la responsabilidad, la anticipación y la excelencia. Aborda la importancia de conocer todas las variables de un proyecto, desde las personas involucradas hasta las contingencias que puedan surgir. Pero quizás lo más relevante es que pone en el centro la empatía y el trabajo en equipo, elementos que a menudo son pasados por alto en el apuro de alcanzar el éxito, pero que son fundamentales para crear un ambiente de trabajo saludable y productivo.

En una industria tan compleja y competitiva como la nuestra, tener una directriz como esta no solo es un recurso invaluable, sino que también se convierte en una guía ética que ayuda a navegar los desafíos del mundo del entretenimiento.

Cada uno de estos lemas ha sido un faro que, de algún modo, ha iluminado mi camino en los momentos más oscuros y ha sido la chispa que ha encendido mi pasión en los momentos más brillantes. A través de estas palabras espero inspirar a otros a vivir con la misma determinación y amor por el arte.

NOTAS DEL LECTOR

TRANSMITIENDO EL MENSAJE

Conferencias y Enseñanzas

En la industria del entretenimiento compartir conocimientos y experiencias es una práctica invaluable. Uno de los medios más efectivos para hacerlo es a través de charlas y conferencias. En este capítulo, exploraremos cómo transmitir el mensaje correcto puede tener un impacto duradero y positivo en el mundo del arte y el entretenimiento.

Compartir experiencias a través de charlas y conferencias

La comunicación es fundamental en cualquier industria, pero en el entretenimiento —donde la inspiración y la creatividad son esenciales— es aún más crucial. Las charlas y conferencias ofrecen una plataforma para que los profesionales del entretenimiento compartan sus experiencias, conocimientos y visión con otros miembros de la industria y con el público en general.

Estos eventos no solo permiten que los expertos compartan sus historias de éxito y lecciones aprendidas, sino que también brindan la oportunidad de fomentar la colaboración y el aprendizaje mutuo. Los asistentes pueden obtener una visión única de los desafíos y triunfos enfrentados por los líderes de la industria, lo que puede inspirar nuevas ideas y enfoques.

Además, las charlas y conferencias también pueden servir como una forma de networking invaluable. Los participantes tienen la oportunidad de establecer conexiones con otros profesionales que comparten su pasión y visión. Estas conexiones pueden dar lugar a colaboraciones futuras, oportunidades comerciales y asociaciones estratégicas.

Explorar el poder de inspirar y guiar a otros en su viaje artístico y empresarial

Una de las facetas más gratificantes de compartir experiencias a través de charlas y conferencias es el impacto que puede tener en la vida y la carrera de otros. Los líderes de la industria tienen la capacidad de inspirar y guiar a aquellos que buscan ingresar o avanzar en el mundo del entretenimiento.

Las historias de éxito, los desafíos superados y las estrategias efectivas compartidas en estas plataformas pueden motivar a otros a perseguir sus propios sueños y aspiraciones. Muchos artistas y emprendedores del entretenimiento pueden sentirse solos en su viaje; escuchar las experiencias de quienes han pasado por situaciones similares puede brindarles la confianza y la orientación necesarias.

Además, transmitir un mensaje de resiliencia, determinación y pasión puede ayudar a otros a superar obstáculos y afrontar los desafíos con una mentalidad positiva. Los consejos prácticos y las estrategias compartidas pueden servir como hojas de ruta para quienes buscan tener éxito en la industria.

Las charlas y conferencias son una parte integral del mundo del entretenimiento, ya que permiten la transferencia de conocimientos y la inspiración de generación en generación. Al compartir experiencias y guiar a otros en su viaje artístico y empresarial, los profesionales pueden contribuir al crecimiento y la evolución de esta apasionante industria.

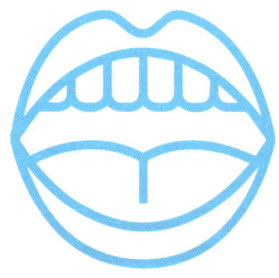

EL FUTURO DEL ARTE Y EL ENTRETENIMIENTO: TENDENCIAS Y PERSPECTIVAS

La industria del entretenimiento y las artes han sido testigos de una revolución constante a lo largo de los años, y el panorama actual es más emocionante y dinámico que nunca. En este capítulo exploraremos las tendencias cambiantes que están dando forma al futuro del arte y el entretenimiento, así como la perpetua influencia del "amor al arte" en nuestra cultura.

Analizar las tendencias cambiantes en la industria del entretenimiento

La industria del entretenimiento es conocida por su capacidad para adaptarse y evolucionar en respuesta a la tecnología y las preferencias del público. Estas son algunas tendencias destacadas que están transformando el mundo del entretenimiento en la actualidad.

Streaming y digitalización: El auge de las plataformas de streaming, como Netflix, Spotify y Disney+, ha revolucionado la forma en que consumimos música, películas y programas de televisión. Ahora, los espectadores y oyentes pueden acceder a una amplia gama de contenido en cualquier momento y lugar, lo que ha alterado significativamente las dinámicas tradicionales de distribución y ha creado nuevas oportunidades y desafíos para los artistas y creadores.

Realidad virtual y aumentada: La realidad virtual (RV) y la realidad aumentada (RA) están brindando experiencias de entretenimiento completamente nuevas. Desde conciertos virtuales hasta museos de arte en realidad aumentada, estas tecnologías están abriendo un mundo de posibilidades creativas. La interacción inmersiva con la audiencia se está convirtiendo en la norma, y la fusión de lo físico y lo digital está creando experiencias únicas y envolventes.

Contenido generado por el usuario: La democratización de la producción de contenido a través de plataformas de redes sociales y aplicaciones como TikTok ha permitido que nuevos talentos emerjan de las comunidades en línea. Los artistas ahora pueden conectarse directamente con audiencias globales sin necesidad de una gran infraestructura de producción. Este cambio ha llevado a la explosión de creadores independientes que ofrecen una variedad de contenido único y diverso.

Sostenibilidad y responsabilidad social: En un mundo cada vez más consciente del medio ambiente y de la responsabilidad social, la industria del entretenimiento está adoptando un enfoque más sostenible y ético. Los artistas y empresas están buscando reducir su huella ambiental y abordar cuestiones sociales importantes a través de su trabajo. Los eventos y producciones sostenibles están ganando popularidad y los consumidores respaldan a aquellos que se alinean con sus valores.

Diversidad e inclusión: La diversidad y la inclusión son temas centrales en la industria del entretenimiento. La representación adecuada de diferentes grupos étnicos, géneros y orientaciones sexuales se ha vuelto esencial en el contenido y en la toma de decisiones. Los artistas y las producciones que abrazan la diversidad están siendo celebrados y reconocidos por su impacto cultural y social.

Reflexionar sobre cómo el amor al arte continuará influyendo en la cultura

A pesar de todas estas transformaciones y avances, el "amor al arte" sigue siendo un pilar fundamental en nuestra cultura. En esta parte profundizamos en cómo esta pasión continua por la creatividad y la expresión artística seguirá influyendo en la sociedad:

Expresión y catarsis: Desde tiempos inmemoriales, el arte ha servido como una vía crucial para la expresión tanto individual como colectiva. Las obras de arte, la música y el cine permiten a las personas explorar y dar voz a sus emociones y pensamientos más profundos. Esta función terapéutica del arte no se desvanecerá, y seguirá siendo un medio para que las personas conecten consigo mismas y con los demás.

Conexión y comunidad: Las artes y el entretenimiento tienen el don de unir a personas de diversas culturas, trasfondos y experiencias. Las experiencias compartidas en conciertos, galerías de arte y cines crean conexiones significativas entre individuos y fortalecen las comunidades. El arte es un lenguaje universal que trasciende barreras y crea puentes entre personas de todo el mundo.

Inspiración y cambio: A lo largo de la historia el arte ha sido un poderoso motor de cambio social y político. Las obras de arte y los artistas han desafiado normas y provocado conversaciones críticas sobre cuestiones importantes. Desde movimientos artísticos que abogan por la igualdad de género hasta canciones que se convierten en himnos de protesta, el arte continúa inspirando cambios en la sociedad.

Enriquecimiento cultural: El arte y el entretenimiento enriquecen nuestras vidas al ofrecer una visión única del mundo que nos rodea. Nos invitan a explorar otras culturas, experiencias y perspectivas. El acceso a una variedad de formas artísticas fomenta la empatía y el entendimiento hacia los demás y contribuye a una sociedad más inclusiva y tolerante.

Mientras la industria del entretenimiento sigue su curso en medio de la evolución constante, el "amor al arte" sigue siendo una fuerza poderosa y perdurable en nuestra cultura. A medida que exploramos las tendencias cambiantes en la industria y reflexionamos sobre la importancia continua de la creatividad y la expresión artística, nos damos cuenta de que el arte y el entretenimiento seguirán desempeñando un papel vital en nuestras vidas y en la sociedad proporcionando inspiración, enriquecimiento cultural y un medio para conectar con el mundo que nos rodea.

NOTAS DEL LECTOR ⬉

IDIOMAS Y TECNOLOGÍA: CLAVES DEL ÉXITO GLOBAL

En el emocionante mundo del entretenimiento global, donde la música, el cine, el arte y la cultura trascienden fronteras y llegan a audiencias de todo el mundo, la importancia de los idiomas y la tecnología no puede subestimarse. Este capítulo explora cómo estas dos facetas son fundamentales para el éxito en un panorama cada vez más globalizado.

Explorar la importancia del inglés en el mundo del negocio del entretenimiento global

El inglés se ha convertido en el lenguaje universal del entretenimiento. Desde las letras de las canciones hasta los guiones de películas y las conversaciones en redes sociales, el dominio del inglés es esencial para los artistas y profesionales del entretenimiento que buscan llegar a una audiencia global. Aquí, profundizamos en la relevancia del inglés en el mundo del entretenimiento y ofrecemos consejos sobre cómo mejorar las habilidades lingüísticas:

Acceso a una audiencia global: El inglés abre las puertas a una audiencia internacional. Los artistas que pueden comunicarse en inglés tienen la capacidad de llegar a fanáticos en todo el mundo, lo que se traduce en mayores oportunidades de conciertos, ventas de música y colaboraciones.

Negociaciones y colaboraciones: En la industria del entretenimiento, las colaboraciones y las oportunidades de negocios son moneda común. El inglés facilita la comunicación con colegas de todo el mundo y garantiza una comprensión clara de los acuerdos y contratos.

Promoción efectiva: Las redes sociales y el marketing en línea son esenciales en la promoción de artistas y proyectos. La capacidad de comunicarse en inglés permite crear contenido atractivo y efectivo para una audiencia global, lo que se traduce en un mayor compromiso y seguidores.

Conexiones en la industria: Los eventos y conferencias internacionales son lugares clave para establecer conexiones en la industria. El inglés es el idioma predominante en estos eventos, lo que facilita las relaciones profesionales y las oportunidades de carrera.

Destacar el papel crucial de la tecnología y las redes sociales en el negocio artístico

En la era digital, la tecnología y las redes sociales desempeñan un papel central en la promoción, distribución y conexión con los fans. En este apartado exploramos cómo estas herramientas son fundamentales para el éxito en el negocio artístico:

Promoción y alcance: Las redes sociales permiten a los artistas llegar a un público global de manera instantánea y económica. Plataformas como Instagram, Twitter, Facebook y TikTok son esenciales para promocionar música, arte y eventos.

Distribución digital: Las plataformas de streaming y venta de música en línea han transformado la industria musical. Los artistas pueden distribuir su música a nivel mundial sin la necesidad de grandes sellos discográficos.

Conexión directa con los fans: Las redes sociales permiten a los artistas interactuar directamente con sus seguidores creando relaciones sólidas y leales. Los comentarios, las transmisiones en vivo y los mensajes directos son formas efectivas de conectar con la audiencia.

Monetización y crowdfunding: Plataformas como Patreon, Kickstarter y otras que están en constante aparición, brindan a los artistas la capacidad de obtener apoyo financiero directo de sus seguidores, permitiéndoles financiar proyectos creativos y mantener su independencia artística.

Consejos sobre el uso de nuevas tecnologías y edición de vídeo para comunicar eficazmente. Comunicación disruptiva

La comunicación efectiva es esencial en el negocio del entretenimiento, y la tecnología desempeña un papel fundamental en este aspecto. A continuación ofrecemos consejos sobre cómo utilizar nuevas tecnologías y edición de vídeo para comunicar de manera efectiva:

Transmisiones en vivo: Las transmisiones en vivo a través de plataformas como YouTube, Facebook Live, TikTok Live e Instagram Live permiten a los artistas conectarse en tiempo real con su audiencia. Aprende a utilizar estas herramientas para ofrecer actuaciones en vivo, sesiones de preguntas y respuestas y contenido exclusivo.

Edición de vídeo: La edición de vídeo es una habilidad valiosa en la era de YouTube y TikTok. Aprende a crear contenido visual atractivo que cuente historias y mantenga a los espectadores comprometidos.

Realidad aumentada (AR) y realidad virtual (VR): Explora las posibilidades de la AR y la VR para crear experiencias inmersivas y únicas. Desde conciertos virtuales hasta exposiciones de arte, estas tecnologías pueden llevar la creatividad a un nuevo nivel.

Aplicaciones y plataformas de colaboración: Utiliza aplicaciones y plataformas de colaboración para trabajar de manera eficiente con equipos y colegas de todo el mundo. La comunicación fluida es clave para la gestión de proyectos y la colaboración creativa.

En el mundo del entretenimiento global, dominar el inglés y aprovechar la tecnología son elementos esenciales para el éxito. Al comprender la importancia del idioma inglés, aprovechar las herramientas digitales y adoptar enfoques innovadores de comunicación, los artistas y profesionales del entretenimiento pueden maximizar su alcance, conectar con su audiencia y prosperar en este emocionante y competitivo panorama. Este capítulo proporciona información valiosa y consejos prácticos sobre cómo abrazar estos elementos clave y utilizarlos como ventajas en la industria del entretenimiento global.

CONCLUSIONES: CULTIVANDO LA PASIÓN Y TRANSFORMANDO VIDAS

La travesía por el universo del arte y el entretenimiento es vasta y emocionante. En este libro hemos caminado por senderos que vinculan el arte con los negocios, descubriendo cómo la pasión puede transformarse en una carrera exitosa, cómo el talento puede ser descubierto y pulido, y cómo la innovación se convierte en la llave para desafiar lo convencional y reinventar el futuro.

El arte es auténtico y personal; una fuente inagotable de inspiración. Aquí, hemos destacado la importancia de vivir con "AMOR AL ARTE". A través de este amor, se transforman no solo individuos, sino comunidades enteras. Este sentimiento potente nos recuerda la trascendencia del arte en cada sector, desde los eventos masivos hasta los más íntimos y personales.

La complejidad de esta industria es evidente, pero con pasión y sacrificio, cualquier obstáculo puede ser superado. Shakira, por ejemplo, no es simplemente una artista, es un testimonio de que, con determinación, uno puede trascender fronteras. Y así como no todos podemos contratar a Shakira, tampoco todos enfrentamos los mismos desafíos. Sin embargo, nuestra capacidad de resiliencia, adaptabilidad, y aprendizaje de nuestros fracasos, son elementos esenciales para cualquier emprendedor en el mundo del arte.

He compartido historias, fracasos y éxitos, destacando la importancia de cada paso en el camino y haciendo énfasis en la necesidad de actuar con respeto, ética, y diversidad en la industria. La tecnología, la gestión financiera, el marketing experiencial, y la representación y gestión artística, son piezas claves en este gran rompecabezas que es el mundo del entretenimiento.

Quizá lo más importante es que, a lo largo de esta travesía, hemos reforzado una idea central: la pasión es el motor que impulsa todo. La pasión es la que nos permite seguir adelante, superar obstáculos, aprender de nuestros errores y, lo más importante, transformar vidas.

Te invito a que, si alguna vez te encuentras perdido o desmotivado en tu camino profesional o artístico, recuerdes las palabras y enseñanzas que he compartido en este libro. Recuerda que cada desafío es una oportunidad para crecer, que cada fracaso es una lección aprendida y que, por encima de todo, si yo pude hacerlo, tú también puedes.

Finalmente, deseo que estas páginas te sirvan como inspiración, pero también como una invitación a la acción. Si sientes que necesitas una mano, una guía o simplemente alguien que te escuche, aquí estoy. Es fácil encontrarme y te aseguro que juntos buscaremos —y encontraremos— las soluciones que necesitas. Porque, en este viaje, el destino final es vivir, aprender, soñar y disfrutar... todo por amor al arte.

Material, herramientas y recursos

Déjame compartir material, herramientas y recursos que me parecen interesantes para desarrollar el trabajo que hago. Quiero destacar que no me he inspirado en ellos para escribir este libro, pero sí que he aprendido mucho de ellos a lo largo de mi carrera.

Quiero abrirte la puerta de mi caja de tesoros. ¡Sí, sí, como lo oyes! Estos no son los típicos trucos del mago, sino herramientas, materiales y recursos que han sido mis aliados en esta alocada montaña rusa del mundo del entretenimiento. Estoy seguro de que no te aburrirás, y si lo haces, por favor, escribe un comentario divertido al margen (sí, sé que es un libro, pero ¿por qué no?).

Mis libros mágicos

Así funciona el negocio de la música de Vicente Mañó y Javier Bori. Si alguna vez te has preguntado sobre el backstage del negocio musical, este libro es como un mapa del tesoro.

La nueva fórmula para vivir de la música de Dani Aragón. Spoiler Alert:¡no incluye pócimas mágicas! Pero sí fórmulas prácticas para navegar en la industria.

El hombre más rico de Babilonia de George S. Clason. No, no es una guía de turismo de Babilonia, pero es riqueza pura en consejos financieros.

La vaca púrpura de Seth Godin. No te preocupes: no es un libro sobre zoología colorida. ¡Es sobre marketing y destacarse en el rebaño!

De invisible a invencible de Vilma Núñez: ¿Necesitas sentirte como un superhéroe? Este libro te da la capa para potenciar una marca personal.

Confía de Laura Chica. Porque la confianza no se vende en tiendas, pero este libro es un buen comienzo.

Mi kit de explorador urbano (¡No salgo sin él!)

Teléfono cargado: ¡Siempre! Porque... ¿y si me llaman para un proyecto en Marte?

Batería de repuesto o power bank: No vaya a ser que me quede varado en medio de la nada sin batería. Y con "la nada", me refiero a una reunión.

Revisión de e-mails cada 3 minutos: ¡Sí, lo admito! Soy ese tipo de persona. Pero oye, ¡el entretenimiento no espera!

Internet en todos lados: Casa, coche, barco, avión, cohete... ¿Quién sabe dónde me llevará la próxima aventura?

Respuestas rápidas a clientes: Incluso si es solo para decir "¡Hola! ¡Enseguida te respondo!", la rapidez cuenta.

Reglas automáticas para el descanso: A veces, incluso los superhéroes necesitan una pausa.

Un bolígrafo: ¡Nunca se sabe cuándo surgirá una idea brillante o cuándo necesitarás un autógrafo!

Agradecimiento matinal: Empezar el día con gratitud siempre es un acierto. Saludos diarios: Porque no hay nada como un "buenos días" para alegrar el alma y conectar con el equipo.

Con todo esto, te garantizo que cada día es una nueva aventura llena de risas, aprendizajes y, por supuesto, mucho arte. ¡Únete a la diversión! Y recuerda: si alguna vez te sientes perdido en el viaje, echa un vistazo a mi kit de supervivencia: podría haber algo que te ayude a seguir adelante.

100 PROFESIONES PARA VIVIR POR "AMOR AL ARTE".

CAPÍTULO 12

1. Cantante

Descripción: Los cantantes son los intérpretes que dan vida a la música con sus voces únicas y expresivas. Ya sea en solitario o como parte de un grupo, los cantantes transmiten emociones y conectan con el público a través de su arte.

Salidas profesionales: Convertirse en un cantante te abre las puertas a una variedad de oportunidades, como grabaciones de estudio, actuaciones en vivo, participación en bandas y colaboraciones con otros músicos. Además, puedes explorar campos como el doblaje de voz, la actuación musical y la creación de contenido en plataformas digitales.

2. Músico

Descripción: Los músicos dominan instrumentos y contribuyen a la creación y ejecución de piezas musicales. Su destreza y pasión son fundamentales para la calidad y el impacto de la música.

Salidas profesionales: Los músicos tienen múltiples caminos para seguir como tocar en bandas, orquestas, conjuntos de cámara o como solistas. Además, pueden participar en grabaciones de estudio, sesiones en vivo, y colaborar con otros artistas en una variedad de géneros.

3. Compositor de música

Descripción: Los compositores son los arquitectos detrás de la música, creando piezas originales para diferentes contextos, como cantantes, películas, series y videojuegos.

Salidas profesionales: Los compositores tienen la oportunidad de trabajar en la industria del entretenimiento, creando bandas sonoras para películas y series, componiendo música para videojuegos y colaborando con artistas para producir canciones únicas.

4. Profesor de canto

Descripción: Los profesores de canto guían y entrenan a estudiantes para desarrollar sus habilidades vocales, mejorar su técnica y explorar su potencial artístico.

Salidas profesionales: Como profesor de canto puedes impartir clases en escuelas de música, academias privadas, en línea o incluso ofrecer tutorías individuales. Ayudarás a otros a encontrar su voz y a mejorar sus habilidades vocales.

5. Profesor de instrumento

Descripción: Los profesores de instrumento comparten su conocimiento y experiencia para enseñar a estudiantes a tocar diferentes instrumentos musicales, como piano, guitarra o violín, entre otros.

Salidas profesionales: La docencia musical es gratificante y ofrece oportunidades para enseñar en escuelas, academias, conservatorios, e incluso dar lecciones particulares. Ayudarás a los estudiantes a desarrollar habilidades musicales y encontrar alegría en la música.

6. DJ Eventos sociales

Descripción: Los DJ de eventos sociales crean ambientes vibrantes y emocionantes a través de su selección musical en bodas, fiestas y celebraciones.

Salidas profesionales: Como DJ de eventos sociales, te unirás a momentos especiales de las vidas de las personas. Puedes establecer tu marca y trabajar en una amplia gama de eventos, creando memorias inolvidables a través de la música.

7. DJ Eventos masivos

Descripción: Los DJ de eventos masivos son maestros en electrizar a multitudes enormes en festivales, conciertos y eventos masivos.

Salidas profesionales: Si amas la música y las multitudes energéticas, convertirte en un DJ de eventos masivos te permite ser parte de emocionantes festivales y espectáculos. Tu música hará vibrar a miles de personas.

8. Productor de música electrónica

Descripción: Los productores de música electrónica crean pistas y composiciones únicas utilizando tecnología y software especializado.

Salidas profesionales: La música electrónica es un género en constante evolución. Como productor, puedes lanzar tu propia música, trabajar con otros artistas y colaborar en proyectos emocionantes. También puedes explorar la producción de remixes y la creación de bandas sonoras para medios digitales.

9. Ingeniero de sonido

Descripción: Los ingenieros de sonido son expertos en capturar y mezclar audio en grabaciones de estudio y en vivo asegurando la calidad y la estética sonora.

Salidas profesionales: Trabajar como ingeniero de sonido te brinda la oportunidad de colaborar con músicos y productores en la creación de grabaciones y álbumes de alta calidad. También puedes encontrar roles en estudios de grabación, salas de conciertos y producciones teatrales.

10. Técnico de sonido (levemente diferente a un ingeniero)

Descripción: Los técnicos de sonido operan el equipo de audio en eventos en vivo y producciones asegurando que el sonido sea claro y de calidad.

Salidas profesionales: Si te apasiona el sonido en vivo, ser técnico de sonido te permite trabajar en conciertos, eventos deportivos, conferencias y más. Tendrás un papel esencial en garantizar que el público disfrute de una experiencia auditiva excepcional.

11. Técnico de iluminación

Descripción: Los técnicos de iluminación son maestros en crear ambientes cautivadores y visuales impactantes en conciertos, eventos y producciones en vivo.

Salidas profesionales: Como técnico de iluminación tendrás la oportunidad de trabajar en una amplia gama de proyectos, desde conciertos hasta producciones teatrales y eventos corporativos. Tu creatividad y habilidades técnicas darán vida a la visión artística de cada proyecto.

12. Técnico de vídeo

Descripción: Los técnicos de vídeo son responsables de la proyección y visualización de eventos en vivo, conciertos y espectáculos, creando experiencias visuales impactantes.

Salidas profesionales: Convertirte en un técnico de vídeo te permitirá explorar campos como la producción de video en vivo, la creación de contenido visual para eventos y la gestión de proyecciones. Tu contribución añadirá dimensiones visuales únicas a cada presentación.

13. Jefe de producción de conciertos y eventos

Descripción: Los jefes de producción son líderes en la planificación, organización y ejecución de conciertos y eventos, asegurando que todo funcione sin problemas.

Salidas profesionales: Esta posición te brinda la oportunidad de llevar a cabo eventos espectaculares, desde conciertos masivos hasta festivales y eventos corporativos. Serás un maestro en coordinar equipos, recursos y logística para crear experiencias memorables.

14. Coreógrafo

Descripción: Los coreógrafos son artistas que crean movimientos y secuencias de baile, dando vida a la música y la narrativa a través de la danza.

Salidas profesionales: Puedes trabajar como coreógrafo con compañías de danza, producciones teatrales, videos musicales y más. Tu creatividad se fusionará con el ritmo y el arte del movimiento para crear actuaciones impactantes.

15. Bailarín profesional

Descripción: Los bailarines profesionales son intérpretes que expresan emociones y narrativas a través de su arte y movimiento.

Salidas profesionales: Convertirse en un bailarín profesional te abre las puertas para trabajar en compañías de danza, producciones teatrales, videos musicales y espectáculos en vivo. Tu pasión por la danza te permitirá ser parte de actuaciones que inspiran y emocionan a las audiencias.

16. Acróbata

Descripción: Los acróbatas son maestros en realizar proezas físicas y artísticas que desafían la gravedad agregando un toque emocionante a los espectáculos en vivo.

Salidas profesionales: Como acróbata, puedes unirte a circos, producciones teatrales y espectáculos en vivo que requieren habilidades impresionantes y valentía. Tu arte capturará la atención y dejará una impresión duradera.

17. Mago

Descripción: Los magos crean ilusiones sorprendentes y momentos de asombro, transportando al público a un mundo de maravillas.

Salidas profesionales: Convertirse en mago te permite realizar eventos corporativos, fiestas privadas, espectáculos teatrales y televisión. Tu habilidad para crear momentos de misterio y asombro será una adición encantadora a cualquier evento.

18. Arquitecto/ingeniero especialista en eventos

Descripción: Los arquitectos o ingenieros especialistas en eventos diseñan y planifican la infraestructura y disposición de espacios para conciertos, festivales y eventos en vivo.

Salidas profesionales: Como arquitecto o ingeniero especialista en eventos, contribuirás a crear entornos cautivadores y funcionales para experiencias en vivo. Tu creatividad se fusionará con la funcionalidad para dar forma a los lugares donde se desarrollan momentos inolvidables.

19. Stage manager

Descripción: Los stage managers son líderes en el backstage (zona trasera del escenario), coordinando la logística y asegurando que todo funcione sin problemas durante los eventos en vivo.

Salidas profesionales: Convertirse en stage manager te permitirá trabajar en conciertos, producciones teatrales, festivales y más. Serás el maestro detrás de escena, garantizando que cada detalle esté en su lugar para una experiencia exitosa.

20. Técnico backline

Descripción: Los técnicos backline se especializan en el manejo y mantenimiento de los equipos e instrumentos musicales utilizados por los artistas en conciertos y eventos en vivo.

Salidas profesionales: Trabajar como técnico backline te brinda la oportunidad de colaborar con artistas y bandas, asegurando que su equipo esté en óptimas condiciones para un rendimiento excepcional. Tu contribución garantizará que el show continúe con la mejor calidad posible.

21. Vídeo joker

Descripción: Los vídeo jokers son maestros en la creación de visuales y efectos sorprendentes que sincronizan con la música en conciertos y eventos en vivo.

Salidas profesionales: Como vídeo joker, tendrás la oportunidad de dar vida a la música a través de visuales cautivadores. Podrás trabajar con artistas y eventos para crear experiencias audiovisuales únicas que enriquezcan el espectáculo.

22. Regidor

Descripción: Los regidores son los líderes detrás del escenario, asegurando que cada detalle fluya sin problemas durante los eventos en vivo y conciertos.

Salidas profesionales: Convertirse en regidor te permitirá trabajar en una variedad de proyectos, desde conciertos hasta producciones teatrales y eventos corporativos. Serás el maestro de la logística detrás del escenario y garantizarás que todo esté en su lugar para un espectáculo impecable.

23. Tour Manager

Descripción: Los tour managers son organizadores expertos en coordinar giras asegurando que cada parada sea un éxito sin problemas.

Salidas profesionales: Esta posición te brinda la oportunidad de viajar y trabajar en estrecha colaboración con artistas y equipos en giras nacionales e internacionales. Tu habilidad para mantener todo en orden permitirá que los artistas se centren en dar lo mejor de sí en cada actuación.

24. Asistente personal de artistas

Descripción: Los asistentes personales de artistas brindan apoyo directo a los artistas en diversos aspectos de su vida profesional y personal.

Salidas profesionales: Convertirse en asistente personal de artistas te permitirá sumergirte en el mundo de la música y el entretenimiento, brindando apoyo esencial en la vida cotidiana de los artistas. Serás una parte clave en su éxito y bienestar general.

25. Jefe de prensa de artistas

Descripción: Los jefes de prensa de artistas son expertos en manejar la imagen pública de los artistas coordinando entrevistas, comunicados de prensa y estrategias de relaciones públicas.

Salidas profesionales: Trabajar como jefe de prensa te permitirá conectarte con medios de comunicación y dar forma a la narrativa en torno a los artistas que representas. Tu creatividad y estrategias ayudarán a construir una imagen sólida y positiva.

26. Mánager/representante

Descripción: Los mánagers o representantes son los guardianes de las carreras artísticas. Se encargan de tomar decisiones clave y guiar a los artistas hacia el éxito.

Salidas profesionales: Convertirse en mánager o representante te permitirá trabajar en estrecha colaboración con artistas para impulsar su crecimiento y éxito en la industria. Serás un socio vital en la toma de decisiones y estrategias para su carrera.

27. Agente/booker

Descripción: Los agentes o bookers son expertos en asegurar oportunidades de presentación y actuación para artistas en diversos lugares y eventos.

Salidas profesionales: Como agente o booker, tendrás la oportunidad de conectarte con promotores y lugares para asegurar actuaciones para tus artistas. Tu habilidad para crear oportunidades enriquecerá las carreras de los artistas que representas.

28. Abogado experto musical

Descripción: Los abogados expertos en música brindan asesoramiento legal a artistas y profesionales de la industria en asuntos relacionados con contratos, derechos de autor y más.

Salidas profesionales: Trabajar como abogado musical te permitirá fusionar el derecho y la música para proteger los intereses de tus clientes. Serás un defensor clave en la toma de decisiones legales para garantizar un camino exitoso en la industria.

29. Community manager musical

Descripción: Los community managers musicales son expertos en crear y gestionar la presencia en línea de artistas y promotores de eventos, interactuando con los fanáticos y construyendo comunidades.

Salidas profesionales: Convertirse en community manager te brindará la oportunidad de conectar con audiencias en línea y construir relaciones sólidas con fanáticos y seguidores. Tu capacidad para generar compromiso en línea enriquecerá la presencia de los artistas y eventos.

30. Productor de conciertos

Descripción: Los productores de conciertos son visionarios en la creación y ejecución de eventos en vivo, supervisando todos los aspectos desde la planificación hasta la presentación.

Salidas profesionales: Como productor de conciertos, tendrás la oportunidad de dar vida a experiencias en vivo memorables. Tu creatividad y habilidades organizativas serán fundamentales para crear eventos que resuenen con las audiencias y los artistas por igual.

31. Promotor de conciertos

Descripción: Los promotores de conciertos son creadores de experiencias, organizando y promocionando actuaciones en vivo que conectan a artistas con audiencias apasionadas.

Salidas profesionales: Convertirse en promotor de conciertos te brindará la oportunidad de traer la magia de la música en vivo a las personas. Podrás colaborar con diversos artistas y diseñar eventos que creen recuerdos inolvidables.

32. Organizador de eventos

Descripción: Los organizadores de eventos son expertos en planificar y ejecutar experiencias únicas, desde conciertos hasta festivales y funciones culturales.

Salidas profesionales: Trabajar como organizador de eventos te permitirá dar vida a momentos memorables. Podrás diseñar y gestionar eventos que conecten a las personas con la música y el arte, contribuyendo a la creación de recuerdos duraderos.

33. Alquiler de instrumentos musicales

Descripción: Los profesionales de alquiler de instrumentos musicales proporcionan una amplia gama de instrumentos para músicos y eventos, asegurando que cada actuación tenga los recursos necesarios.

Salidas profesionales: Convertirse en proveedor de instrumentos te permitirá ser parte integral de las producciones musicales y eventos. Tu contribución garantizará que los músicos tengan acceso a los instrumentos adecuados para crear música excepcional.

34. Alquiler de equipos de sonido e iluminación

Descripción: Los especialistas en alquiler de equipos de sonido e iluminación brindan tecnología de vanguardia para mejorar la calidad de los eventos en vivo.

Salidas profesionales: Trabajar en el alquiler de equipos te permitirá estar en el corazón de la producción de eventos. Tu experiencia técnica y equipos de alta calidad contribuirán a la creación de experiencias sonoras y visuales sorprendentes.

35. Alquiler de escenarios para eventos

Descripción: Los proveedores de alquiler de escenarios ofrecen plataformas personalizadas que elevan la presentación visual de eventos en vivo.

Salidas profesionales: Convertirse en proveedor de escenarios te permitirá ser un arquitecto de escenografía, transformando espacios en lienzos para actuaciones impactantes. Tu creatividad y habilidades técnicas darán vida a las visiones artísticas.

36. Alquiler de pantallas para eventos

Descripción: Los profesionales de alquiler de pantallas proporcionan soluciones visuales avanzadas para eventos en vivo y producciones multimedia.

Salidas profesionales: Trabajar en el alquiler de pantallas te permitirá ser un innovador visual, creando experiencias inmersivas. Tu tecnología ayudará a conectar a las audiencias con contenido impactante y cautivador.

37. Experto en estrategias digitales para artistas

Descripción: Los expertos en estrategias digitales ayudan a los artistas a navegar y prosperar en el mundo en línea, maximizando su presencia y alcance.

Salidas profesionales: Convertirse en experto en estrategias digitales te permitirá ser un guía para artistas en la era digital. Tu conocimiento de las plataformas en línea impulsará la visibilidad y el compromiso, conectando a los artistas con sus seguidores de manera significativa.

38. Empresa de ticketing

Descripción: Las empresas de ticketing facilitan la venta y distribución de entradas para eventos en vivo, asegurando una experiencia fluida para los asistentes.

Salidas profesionales: Trabajar en una empresa de ticketing te permitirá ser un facilitador de experiencias. Tu contribución garantizará que los amantes de la música tengan un acceso sencillo y emocionante a eventos en vivo.

39. Arreglista musical

Descripción: Los arreglistas musicales son creadores de armonía y emoción, transformando composiciones en piezas únicas y envolventes.

Salidas profesionales: Convertirse en arreglista te permitirá colaborar con una variedad de artistas y géneros para dar nueva vida a la música. Tu creatividad musical enriquecerá las interpretaciones y producciones.

40. AR musical - Compañía discográfica

Descripción: Las compañías discográficas tienen AR musicales quienes descubren, gestionan y desarrollan nuevos talentos.

Salidas profesionales: Trabajar como AR musical te brindará la oportunidad de ser un cazador de talentos y mentor para artistas emergentes. Tu contribución impulsará la evolución de la industria musical y dará voz a nuevas voces inspiradoras.

41. Experto discográfico / Label

Descripción: Los expertos discográficos y las discográficas son curadores de sonido, colaborando con artistas para producir, promocionar y distribuir música excepcional.

Salidas profesionales: Trabajar en una discográfica te permitirá ser un guía en el viaje musical de los artistas. Podrás dar vida a proyectos innovadores y ayudar a los artistas a alcanzar audiencias globales.

42. Relaciones con marcas e e instituciones, Esponsorización de artistas, proyectos y eventos

Descripción: Los profesionales en relaciones con marcas e instituciones establecen alianzas estratégicas entre artistas y empresas, creando colaboraciones y patrocinios significativos.

Salidas profesionales: Convertirse en especialista en relaciones te brindará la oportunidad de fusionar el arte con el mundo empresarial. Podrás crear conexiones impactantes y asegurar oportunidades de financiamiento para proyectos artísticos.

43. Logística de conciertos y giras

Descripción: Los expertos en logística de conciertos y giras son arquitectos de la experiencia en vivo, coordinando todos los detalles detrás de las actuaciones y giras.

Salidas profesionales: Trabajar en logística te permitirá ser el responsable de la ejecución perfecta de eventos en vivo. Tu habilidad para coordinar eficientemente asegurará que cada concierto y gira sea una experiencia inolvidable.

44. Analista financiero de eventos y conciertos

Descripción: Los analistas financieros de eventos y conciertos son guardianes de los números, evaluando la viabilidad económica y el rendimiento de proyectos artísticos.

Salidas profesionales: Convertirse en analista financiero te permitirá combinar habilidades financieras con pasión por el arte. Tu análisis respaldará decisiones estratégicas que aseguren el éxito tanto artístico como financiero.

45. Event manager

Descripción: Los event managers son maestros de la ejecución, planificando y supervisando todos los aspectos de un evento, desde la concepción hasta el cierre.

Salidas profesionales: Trabajar como event manager te permitirá ser un creador de experiencias. Podrás transformar ideas en realidad y dejar una huella duradera en la memoria de los asistentes.

46. Wedding planner

Descripción: Los wedding planners son narradores de sueños, diseñando y coordinando bodas y celebraciones personales con atención a cada detalle.

Salidas profesionales: Convertirse en wedding planner te brindará la oportunidad de crear momentos inolvidables para parejas y familias. Tu contribución hará que los días especiales sean realmente mágicos.

47. Event planner

Descripción: Los event planners son artesanos de la planificación, dando forma a eventos de diversa índole con creatividad y precisión.
Salidas profesionales: Trabajar como event planner te permitirá colaborar en una variedad de proyectos, desde conciertos hasta galas. Tu habilidad para transformar ideas en experiencias tangibles será fundamental para el éxito.

48. Organizador de eventos privados

Descripción: Los organizadores de eventos privados son arquitectos de momentos exclusivos, diseñando experiencias a medida para clientes individuales.

Salidas profesionales: Convertirse en organizador de eventos privados te permitirá ser un creador de recuerdos personalizados. Tu capacidad para transformar deseos en realidades únicas será apreciada por aquellos que buscan experiencias excepcionales.

49. Organizador de eventos de lujo

Descripción: Los organizadores de eventos de lujo son diseñadores de experiencias opulentas, curando detalles exquisitos en eventos exclusivos.

Salidas profesionales: Trabajar en eventos de lujo te permitirá crear momentos sofisticados y cautivadores. Tu dedicación a la excelencia asegurará que cada evento sea un testimonio de elegancia y exclusividad.

50. Organizador de festivales

Descripción: Los organizadores de festivales son arquitectos de la diversión y la cultura, creando experiencias inmersivas que reúnen a multitudes para celebrar el arte y la música.

Salidas profesionales: Convertirse en organizador de festivales te brindará la oportunidad de dar vida a celebraciones épicas. Tu habilidad para coordinar talentos y crear atmósferas únicas será fundamental para la creación de recuerdos inolvidables.

51. Estratega de marketing musical

Descripción: Los estrategas de marketing musical son creadores de conexiones, utilizando la música para establecer vínculos profundos entre artistas y sus audiencias.

Salidas profesionales: Trabajar como estratega te permitirá dar forma a la narrativa musical de artistas y proyectos. Tu capacidad para identificar oportunidades resonantes generará conexiones duraderas y aumentará la presencia artística.

52. Director de orquesta sinfónica

Descripción: Los directores de orquesta son líderes apasionados que guían a músicos para crear melodías que emocionan y transportan a las audiencias.

Salidas profesionales: Convertirse en director de orquesta te permitirá dar vida a la música clásica y contemporánea, conectando con audiencias a través de interpretaciones inspiradoras y emocionales.

53. Diseño gráfico para artistas

Descripción: Los diseñadores gráficos para artistas son traductores visuales de la música, creando identidades visuales únicas y memorables.

Salidas profesionales: Trabajar como diseñador te permitirá fusionar el arte visual con la música, creando experiencias multisensoriales que cautiven a audiencias. Tu creatividad dará vida a la visión musical de los artistas.

54. Editor de vídeo de eventos

Descripción: Los editores de vídeo de eventos son maestros del tiempo, transformando grabaciones en historias visuales que capturan la esencia de cada evento.

Salidas profesionales: Convertirse en editor de vídeo te permitirá preservar experiencias en vivo de manera emotiva. Tu capacidad para crear narrativas visuales cautivadoras inmortalizará momentos memorables.

55. Campañas con artistas

Descripción: Los especialistas en campañas con artistas son arquitectos visuales, creando historias visuales que unen marcas y creatividad artística.

Salidas profesionales: Trabajar en campañas te permitirá dar forma a las colaboraciones y conexiones visuales que unen a artistas con sus fans. Tu creatividad impulsará historias visuales poderosas.

56. Consultor global asesoramiento negocio de la música

Descripción: Los asesores o consultores globales del negocio musical son generalmente personas con una amplia trayectoria laboral, proporcionando perspectivas clave para el éxito en la industria de la música.

Salidas profesionales: Convertirse en asesor te permitirá influir en el futuro de la música a nivel global. Tu conocimiento estratégico impulsará decisiones informadas y contribuirá al crecimiento artístico.

57. Inversor en proyectos musicales

Descripción: Los inversores en proyectos musicales son pioneros financieros, apoyando la innovación y el crecimiento en la industria musical.

Salidas profesionales: Dedicarte como inversor te permitirá ser parte del cambio en la música. Tu inversión respaldará proyectos creativos y contribuirá al avance de la industria.

58. Productor de cine

Descripción: Los productores de cine son narradores visuales, fusionando música y cine para dar vida a historias conmovedoras en la pantalla grande.

Salidas profesionales: Convertirse en productor de cine te permitirá crear experiencias visuales y emocionales en la pantalla grande. Tu habilidad para fusionar música y cine cautivará a audiencias de todo el mundo.

59. Director de cine

Descripción: Los directores de cine crean y generan emociones, transformando guiones en piezas audiovisuales emotivas que resuenan en los corazones de las audiencias.

Salidas profesionales: Trabajar como director te permitirá ser un contador de historias a través de la música y el cine. Tu habilidad para crear atmósferas emocionales resonará en la memoria de los espectadores.

60. Presentador/speaker de eventos

Descripción: Los presentadores y speakers de eventos son narradores carismáticos, guiando a audiencias a través de experiencias y eventos inolvidables.

Salidas profesionales: Convertirse en presentador te brindará la oportunidad de ser la voz que conecta a audiencias con momentos emocionantes. Tu habilidad para comunicar y entretener generará recuerdos duraderos y conexiones con el arte.

61. Conferenciante

Descripción: Los conferenciantes son narradores apasionados, compartiendo experiencias y conocimientos para inspirar y motivar a las audiencias.

Salidas profesionales: Convertirse en conferenciante te brindará la oportunidad de impactar vidas a través de tus palabras. Tu habilidad para comunicar, motivar y cambiar perspectivas tendrá un efecto positivo en personas de todas partes.

62. Actor de cine, teatro, series, anuncios de TV y redes sociales

Descripción: Los actores son artistas visuales y emocionales que dan vida a personajes y transmiten emociones a través de la actuación en diversas plataformas.

Salidas profesionales: Trabajar como actor te permitirá explorar identidades y emociones diversas. Tu capacidad para encarnar personajes y contar historias cautivará a audiencias de todo el mundo.

63. Entrenador para ejecutivos y oradores públicos

Descripción: Los entrenadores para ejecutivos y oradores públicos son guías de confianza, ayudando a individuos a perfeccionar sus habilidades de comunicación y oratoria.

Salidas profesionales: Convertirse en entrenador te permitirá empoderar a otros para enfrentar el escenario con seguridad y autenticidad. Tu capacidad para desarrollar habilidades de comunicación impactará carreras y perspectivas profesionales.

64. Escenógrafo

Descripción: Los escenógrafos son arquitectos de la imaginación diseñando y creando ambientes visuales que transportan a audiencias a mundos ficticios o históricos.

Salidas profesionales: Trabajar como escenógrafo te permitirá dar vida a las visiones creativas de directores y escritores. Tu habilidad para transformar espacios impactará la experiencia teatral y cinematográfica.

65. Diseñador de vestuario

Descripción: Los diseñadores de vestuario son artistas textiles, creando prendas que dan vida a personajes y enriquecen la narrativa visual.

Salidas profesionales: Convertirse en diseñador de vestuario te brindará la oportunidad de crear piezas únicas que cuenten historias a través de la moda. Tu habilidad para fusionar arte y moda dejará una marca duradera en la interpretación visual.

66. Maquillador artístico

Descripción: Los maquilladores artísticos son transformadores de rostros, utilizando el maquillaje para crear personajes, realzar la belleza y comunicar emociones.

Salidas profesionales: Trabajar como maquillador te permitirá dar vida a personajes y potenciar la expresión artística. Tu habilidad para transformar rostros contribuirá al impacto visual de producciones teatrales, cinematográficas y más.

67. Fotógrafo de eventos

Descripción: Los fotógrafos de eventos capturan instantes preservando emociones y momentos especiales a través de la lente de la cámara.

Salidas profesionales: Convertirse en fotógrafo te brindará la oportunidad de inmortalizar momentos significativos en la vida de las personas. Tu habilidad para capturar emociones y contar historias visuales será apreciada por clientes y audiencias.

68. Videógrafo de eventos

Descripción: Los videógrafos de eventos son narradores visuales, capturando la esencia de eventos y actuaciones en movimiento.

Salidas profesionales: Trabajar como videógrafo te permitirá preservar la magia de eventos en vivo. Tu habilidad para crear narrativas visuales dinámicas permitirá a las audiencias revivir experiencias memorables una y otra vez.

69. Creador de contenido musical online

Descripción: Los creadores de contenido musical en línea son artistas digitales, compartiendo su música y talento a través de plataformas en línea.

Salidas profesionales: Convertirse en creador de contenido musical te brindará la oportunidad de llegar a audiencias globales a través de la Web. Tu música y creatividad resonarán con fanes en todo el mundo.

70. Editor de audio y vídeo

Descripción: Los editores de audio y vídeo son artesanos digitales, perfeccionando el sonido y la imagen para crear producciones audiovisuales impactantes.

Salidas profesionales: Trabajar como editor te permitirá dar vida a proyectos audiovisuales excepcionales. Tu habilidad para refinar y mejorar el contenido visual y sonoro elevará la calidad de las producciones en el mundo del entretenimiento.

71. Experto en derechos de autor/copyright

Descripción: Los expertos en derechos de autor/copyright son guardianes legales del trabajo artístico, asegurando que los creadores sean compensados y protegidos por sus creaciones.

Salidas profesionales: Convertirse en experto en derechos de autor te permitirá ser un defensor de la propiedad intelectual. Tu conocimiento legal será fundamental para garantizar que los artistas sean recompensados justamente por su trabajo.

72. Editor de partituras

Descripción: Los editores de partituras son maestros de la notación musical, convirtiendo composiciones en piezas legibles y ejecutables.

Salidas profesionales: Trabajar como editor de partituras te permitirá dar vida a la música escrita. Tu habilidad para crear partituras claras y precisas será apreciada por músicos y compositores en todo el mundo.

73. Artesano/fabricante de instrumentos musicales

Descripción: Los artesanos/fabricantes de instrumentos musicales son constructores de sueños, creando instrumentos excepcionales que hacen posible la música.

Salidas profesionales: Convertirse en artesano de instrumentos te brindará la oportunidad de contribuir directamente al sonido de la música. Tu habilidad para crear instrumentos únicos y de alta calidad será apreciada por músicos profesionales y aficionados.

74. Creador de efectos visuales para eventos

Descripción: Los creadores de efectos visuales para eventos son magos visuales, utilizando tecnología y creatividad para transformar espacios y crear experiencias inolvidables.

Salidas profesionales: Trabajar en efectos visuales te permitirá dar vida a la imaginación y sorprender a las audiencias. Tu capacidad para crear entornos visuales impresionantes será esencial para eventos memorables.

75. Experto en marketing de influencia para artistas

Descripción: Los expertos en marketing de influencia son estrategas digitales, colaborando con artistas para ampliar su alcance y conexión con audiencias en línea.

Salidas profesionales: Convertirse en experto en marketing de influencia te brindará la oportunidad de expandir la presencia de los artistas en plataformas digitales. Tu habilidad para construir relaciones auténticas generará conexiones sólidas con fans y seguidores.

76. Consultor de imagen para artistas

Descripción: Los consultores de imagen son transformadores visuales, ayudando a los artistas a expresar su identidad y personalidad a través de su apariencia y marca.

Salidas profesionales: Trabajar como consultor de imagen te permitirá empoderar a los artistas para que proyecten autenticidad. Tu habilidad para alinear la imagen con la identidad artística será crucial para el éxito en la industria del entretenimiento.

77. Ingeniero de streaming audiovisual en vivo

Descripción: Los ingenieros de streaming audiovisual en vivo son arquitectos de la transmisión en línea, asegurando la calidad y el impacto de las presentaciones en vivo digitales.

Salidas profesionales: Convertirse en ingeniero de streaming te brindará la oportunidad de llevar la música y el entretenimiento a audiencias globales. Tu habilidad para garantizar una experiencia en línea excepcional será vital en el mundo digital.

78. Animador de eventos

Descripción: Los animadores de eventos son creadores de atmósferas, utilizando efectos visuales y elementos interactivos para cautivar a las audiencias en eventos en vivo.

Salidas profesionales: Trabajar como animador te permitirá transformar eventos en experiencias interactivas. Tu capacidad para crear momentos inolvidables a través de la animación visual será esencial para la satisfacción de los asistentes.

79. Director de fotografía

Descripción: Los directores de fotografía son narradores visuales, utilizando la luz y la composición para dar vida a la visión del director en producciones visuales.

Salidas profesionales: Convertirse en director de fotografía te brindará la oportunidad de ser el ojo detrás de la cámara. Tu habilidad para crear imágenes evocadoras y cinematográficas enriquecerá la narrativa visual.

80. Escritor de guiones

Descripción: Los escritores de guiones son arquitectos de historias, creando narrativas cautivadoras para producciones teatrales, cinematográficas y más.

Salidas profesionales: Trabajar como escritor de guiones te permitirá dar vida a mundos ficticios y personajes memorables. Tu capacidad para construir diálogos y tramas atractivas será fundamental para el éxito de las producciones.

81. Blogger de música y entretenimiento, comunicador y crítico

Descripción: Los bloggers de música y entretenimiento son narradores digitales, compartiendo análisis, reseñas y noticias relacionadas con el mundo artístico y cultural.

Salidas profesionales: Convertirse en blogger te brindará la oportunidad de ser una voz en el mundo digital. Tu habilidad para comunicar con pasión y conocimiento enriquecerá la comprensión de la audiencia sobre la música y el entretenimiento.

82. Experto en merchandising para conciertos y eventos masivos

Descripción: Los expertos en merchandising son creativos empresariales, diseñando y vendiendo productos relacionados con artistas y eventos para deleitar a los fans.

Salidas profesionales: Trabajar en merchandising te permitirá crear conexiones tangibles entre los artistas y sus seguidores. Tu habilidad para diseñar productos únicos y atractivos será esencial para aumentar el compromiso de los fans.

83. Técnico de efectos especiales

Descripción: Los técnicos de efectos especiales son magos de la magia visual, utilizando tecnología y habilidades para crear momentos impactantes en eventos en vivo.

Salidas profesionales: Convertirse en técnico de efectos especiales te brindará la oportunidad de sorprender a las audiencias con experiencias visuales impresionantes. Tu capacidad para crear efectos memorables será esencial para dejar una marca duradera.

84. Agente de viajes especializado en giras

Descripción: Los agentes de viajes especializados en giras son planificadores incansables, coordinando logística y comodidades para artistas y equipos en gira.

Salidas profesionales: Trabajar como agente de viajes te permitirá ser el apoyo detrás de las giras artísticas. Tu habilidad para organizar viajes fluidos y cómodos será fundamental para el éxito de las giras.

85. Experto en crowdfunding para proyectos artísticos

Descripción: Los expertos en crowdfunding son facilitadores de sueños, ayudando a artistas a recaudar fondos para sus proyectos creativos a través de plataformas en línea.

Salidas profesionales: Convertirse en experto en crowdfunding te brindará la oportunidad de empoderar a los artistas para que conviertan sus ideas en realidad. Tu habilidad para movilizar comunidades en línea será vital para financiar proyectos innovadores.

86. Diseñador de aplicaciones musicales

Descripción: Los diseñadores de aplicaciones musicales son innovadores tecnológicos, creando herramientas digitales que enriquecen la experiencia musical.

Salidas profesionales: Trabajar en diseño de aplicaciones te permitirá fusionar tecnología y música. Tu habilidad para crear aplicaciones intuitivas y útiles será esencial para acercar la música a nuevas audiencias.

87. Experto en realidad virtual y aumentada en el entretenimiento

Descripción: Los expertos en realidad virtual y aumentada son arquitectos de experiencias inmersivas, llevando a las audiencias más allá de la realidad en el mundo del entretenimiento.

Salidas profesionales: Convertirse en experto en RV/RA te brindará la oportunidad de explorar nuevas fronteras en el entretenimiento. Tu habilidad para crear experiencias sensoriales únicas será fundamental para cautivar a las audiencias.

88. Coach de desarrollo personal para artistas

Descripción: Los coaches de desarrollo personal para artistas son guías que empoderan y ayudan a los artistas a crecer en su carrera y en su vida personal.

Salidas profesionales: Trabajar como coach te permitirá ser un mentor transformador en la vida de los artistas. Tu habilidad para guiar el crecimiento y la autoexploración será fundamental para el éxito y el bienestar de los artistas.

89. Experto en seguridad en eventos

Descripción: Los expertos en seguridad en eventos son guardianes de la experiencia, asegurando la seguridad y el bienestar de los asistentes y artistas en conciertos y eventos en vivo.

Salidas profesionales: Convertirse en experto en seguridad te brindará la oportunidad de proteger y cuidar a las audiencias y artistas. Tu habilidad para crear entornos seguros permitirá que las personas disfruten de eventos sin preocupaciones.

90. Gestor de redes sociales para Artistas

Descripción: Los gestores de redes sociales para artistas son arquitectos de la presencia en línea, creando estrategias digitales que conectan a los artistas con sus fans.

Salidas profesionales: Trabajar como gestor de redes sociales te permitirá ser un puente entre los artistas y su audiencia global. Tu habilidad para crear conexiones auténticas en línea será fundamental para el compromiso y la visibilidad del artista.

91. Fotógrafo de retratos para artistas

Descripción: Los fotógrafos de retratos para artistas son capturadores de personalidades, creando imágenes que resalten la esencia y la identidad de los artistas.

Salidas profesionales: Trabajar como fotógrafo de retratos te permitirá inmortalizar la esencia única de cada artista. Tu habilidad para crear imágenes impactantes fortalecerá la presencia visual de los artistas en el mundo.

92. Diseñador de sitios web para artistas

Descripción: Los diseñadores de sitios web para artistas son arquitectos digitales, creando plataformas en línea que muestren el trabajo y la identidad de los artistas de manera atractiva.

Salidas profesionales: Convertirse en diseñador de sitios web te brindará la oportunidad de llevar la presencia en línea de los artistas al siguiente nivel. Tu habilidad para crear experiencias digitales cautivadoras atraerá a audiencias globales.

93. Creador de contenido educativo en línea sobre arte y entretenimiento

Descripción: Los creadores de contenido educativo en línea son maestros virtuales, compartiendo conocimiento sobre arte, entretenimiento y estrategias comerciales con entusiasmo.

Salidas profesionales: Trabajar como creador de contenido educativo te permitirá empoderar a otros a través del conocimiento. Tu habilidad para transmitir información valiosa inspirará a aspirantes a artistas y profesionales en el sector.

94. Experto en diseño de escenografía virtual

Descripción: Los expertos en diseño de escenografía virtual son arquitectos digitales, creando entornos virtuales inmersivos para espectáculos, eventos y experiencias artísticas.

Salidas profesionales: Convertirse en experto en diseño de escenografía virtual te brindará la oportunidad de fusionar el arte con la tecnología. Tu habilidad para crear mundos virtuales cautivadores elevará la experiencia del público.

95. Asesor en diseño de sonido 3D

Descripción: Los asesores en diseño de sonido 3D son artesanos del audio espacial, creando experiencias auditivas envolventes y dimensionales.

Salidas profesionales: Trabajar como asesor en diseño de sonido 3D te permitirá transformar la experiencia auditiva en el entretenimiento. Tu habilidad para crear paisajes sonoros tridimensionales mejorará la inmersión de la audiencia.

96. Inteligencia artificial aplicada al mundo del entretenimiento

Descripción: Los expertos en inteligencia artificial aplicada al entretenimiento son innovadores tecnológicos, explorando formas de mejorar la experiencia artística a través de la automatización y la innovación.

Salidas profesionales: Convertirse en experto en IA aplicada al entretenimiento te brindará la oportunidad de estar a la vanguardia de la tecnología y el arte. Tu habilidad para fusionar innovación y creatividad impulsará la evolución de la industria.

97. Estilista

Descripción: Los estilistas son creadores de imagen, colaborando con artistas para definir su estética visual a través de la moda y el estilo.

Salidas profesionales: Trabajar como estilista te permitirá ser un arquitecto de la imagen. Tu habilidad para reflejar la personalidad artística a través de la moda fortalecerá la presencia visual de los artistas en diferentes plataformas.

98. Especialista en realidad holográfica para espectáculos

Descripción: Los especialistas en realidad holográfica son creadores de ilusiones tridimensionales, diseñando espectáculos inmersivos que combinan la realidad con lo virtual.

Salidas profesionales: Trabajar como especialista en realidad holográfica te brindará la oportunidad de llevar la experiencia artística a un nivel totalmente nuevo. Tu habilidad para fusionar lo real y lo imaginario sorprenderá y cautivará a las audiencias.

99. Coach de actuación virtual

Descripción: Los coaches de actuación virtual son guías en el mundo digital que entrenan a actores para adaptar su actuación al entorno virtual y las tecnologías emergentes.

Salidas profesionales: Convertirse en coach de actuación virtual te permitirá liderar la transformación de la actuación en la era digital. Tu habilidad para ayudar a los actores a navegar en nuevos medios asegurará actuaciones convincentes y auténticas.

100. Curador de experiencias multisensoriales

Descripción: Los curadores de experiencias multisensoriales son arquitectos de la inmersión, diseñando eventos y espectáculos que estimulen múltiples sentidos y emociones.

Salidas profesionales: Trabajar como curador de experiencias multisensoriales te permitirá crear momentos que van más allá de lo visual y auditivo. Tu habilidad para diseñar experiencias impactantes a través de los sentidos dejará una impresión duradera en el público y elevará la conexión con el arte y el entretenimiento.

Cada uno de estos roles juega un papel vital en la creación de experiencias artísticas y entretenimiento excepcionales.

La industria del entretenimiento está llena de posibilidades emocionantes para aquellos que aman el arte y la música. Cada uno de estos roles te brinda la oportunidad de contribuir al mundo del entretenimiento, conectar con audiencias y ser parte de momentos inolvidables. ¡Elige el camino que te inspire y haz que tu amor por el arte te lleve hacia un futuro emocionante lleno de creatividad!

Si has llegado hasta este punto del libro, habrás explorado 100 ideas que considero fundamentales e interesantes para "VIVIR POR AMOR AL ARTE". Sin embargo, es crucial entender que este listado no es exhaustivo. En realidad, si me detengo a pensar, seguramente podrían surgir otras 100 ideas o incluso mil más. El arte, en su magnífica e infinita capacidad para ser un motor de constante creación e innovación, siempre ofrecerá nuevos caminos a seguir.

Que estas 100 ideas sirvan de inspiración, pero que no limiten tu imaginación. Después de todo, el arte es un ente vivo en constante evolución y tú también puedes ser parte de ese cambio.

NOTAS DEL LECTOR ↘

EVENTOS DE LUJO PARA CLIENTES DE LUJO: LA ELITE, LA EXCELENCIA Y EL ARTE DE LA EXCLUSIVIDAD.

CONTENIDO EXTRA

En el grandioso escenario de la vida existen momentos que se distinguen por su exquisita elegancia, sofisticación y exclusividad. Estos momentos, conocidos como eventos de lujo, sirven como testamento del deseo humano de experimentar lo mejor de lo mejor. Esta guía te sumergirá en el complejo pero apasionante universo de la planificación y ejecución de eventos de lujo, explorando desde la esencia y deseos de los clientes de élite hasta las meticulosas profesiones y actividades que convierten estas visiones en realidad. Te llevaremos a través de un viaje de detalles exquisitos, conexiones de calidad y experiencias completas que marcan la diferencia entre un evento ordinario y uno excepcionalmente lujoso. Prepárate para descubrir no solo cómo se construyen estas experiencias, sino también cómo encarnan la esencia del lujo, la exclusividad y la excelencia.

En un mundo donde la sofisticación y la exclusividad se entrelazan para dar vida a experiencias inigualables, los eventos de lujo surgen como una representación palpable de este universo distinguido. Estos eventos, meticulosamente diseñados para un público selecto, van más allá de lo convencional y ofrecen experiencias que reflejan el corazón de la distinción y la perfección. Aquellos para quienes el lujo es más que una elección: es una declaración de identidad y aspiraciones una búsqueda constante de singularidad y reconocimiento.

Consideremos cinco puntos clave para entender la esencia de estos clientes y sus eventos

Búsqueda de singularidad: Estos clientes aspiran a experiencias que reflejen y celebren su individualidad y estatus. No buscan simplemente lo mejor: desean lo extraordinario, lo que les diferencia del resto y les hace sentirse únicos y especiales.

La importancia de los detalles: El mundo del lujo no tiene tanto que ver con la grandeza, sino sobre la precisión.. Desde el lugar escogido hasta el menú y el entretenimiento, cada elemento es seleccionado con un cuidado meticuloso, buscando siempre la excelencia en todos sus aspectos.

Reconocimiento y prestigio: Más allá de simples celebraciones, los eventos de lujo son una manifestación tangible de la marca personal de los clientes. A través de ellos, no solo disfrutan, sino que también reafirman su posición en la cúspide social, buscando ganar aún más reconocimiento y admiración.

Conexiones de calidad: Estos eventos no son solo festividades. Son también espacios diseñados para establecer y cultivar relaciones con personas de su misma esfera, ofreciendo oportunidades para fortalecer vínculos valiosos y ampliar redes de contactos.

Experiencia completa: Desde la idea inicial hasta el último brindis, los clientes de lujo esperan ser mimados, atendidos y sorprendidos en cada paso del camino. Dando forma a estos eventos están una serie de profesiones y actividades que encapsulan la esencia de lo que significa la exclusividad.

20 profesiones y actividades relacionadas con eventos de lujo

Curador de experiencias: En el mundo del lujo, no se trata solo de un evento, sino de crear un relato. El curador de experiencias debe entender el alma y esencia del cliente, diseñando momentos que resuenen y dejen una impresión duradera. La singularidad es esencial, ya que cada experiencia se adapta meticulosamente al perfil del cliente y sus invitados.

Chef privado de cocina gourmet: No es solo comida: es un arte culinario. Con ingredientes de la más alta calidad y técnicas vanguardistas, este chef crea platos que deleitan tanto al paladar como a la vista, transformando una cena en una experiencia multisensorial inolvidable.

Especialista en diseño floral: Las flores, con su fragancia y belleza, establecen el tono de un evento. Este especialista selecciona y combina flores exóticas, creando diseños florales que evocan emociones y estableciendo el ambiente perfecto para cada ocasión.

Maestro de ceremonias de alta gama: Ser maestro de ceremonias no es simplemente anunciar eventos: es guiar a los invitados a través de la experiencia. Con gracia, elegancia y carisma, este profesional maneja el ritmo y tono del evento, asegurando que cada momento sea memorable.

Diseñador de invitaciones personalizadas: La primera impresión cuenta. Estas invitaciones, hechas a mano con materiales premium, reflejan la magnitud y exclusividad del evento. Cada detalle, desde el sello hasta el tipo de papel, se elige pensando en el destinatario.

Estilista personal y asesor de imagen: En un mundo donde la imagen es todo, este profesional garantiza que tanto anfitriones como invitados irradien sofisticación. Desde vestimenta hasta maquillaje, se aseguran de que cada individuo se sienta y se vea impecable.

Gestor de locaciones exclusivas: Más allá de un simple espacio, se trata de encontrar el escenario perfecto. Ya sea un castillo en Europa o una playa privada en el Caribe, este experto encuentra lugares que asombran y encapsulan el espíritu del evento.

Artista de performance de alta gama: La música y el entretenimiento elevan un evento. Estos artistas, desde músicos clásicos hasta performances únicos, ofrecen actuaciones magistrales que hipnotizan y deleitan a los asistentes.

Sommelier privado: El vino y las bebidas destiladas son más que una bebida; narran historias. Este experto selecciona, marida y presenta bebidas que complementan perfectamente cada plato y momento.

Organizador de subastas de lujo: Estos eventos exclusivos ofrecen bienes y experiencias invaluables. Este profesional garantiza que cada artículo subastado sea de procedencia clara y autenticidad indiscutible, añadiendo un toque de emoción y competencia al evento.

Experto en tecnología para eventos: En la era digital, este profesional crea efectos visuales y sonoros asombrosos, incorporando las últimas tecnologías para sumergir a los invitados en una experiencia envolvente.

Planificador de viajes privados: Desde jets privados hasta yates, este especialista coordina viajes de lujo y garantiza que cada invitado viaje con confort, estilo y privacidad.

Especialista en protocolo y etiqueta: Las normas de etiqueta son esenciales en eventos de élite. Este experto garantiza que todo, desde el saludo inicial hasta el último adiós, se realice con gracia y precisión.

Chófer privado y servicios de transporte de lujo: Los traslados se convierten en viajes placenteros. Con vehículos de alta gama y un servicio impecable, este profesional garantiza que los invitados lleguen con estilo y comodidad.

Gestor de seguridad VIP: En un mundo donde la privacidad es un lujo, este experto garantiza la seguridad de los asistentes, asegurando que la experiencia sea segura desde el inicio hasta el final.

Fotógrafo y videógrafo de alta gama: Capturan momentos efímeros convirtiéndolos en recuerdos eternos. Con equipos de vanguardia y una visión artística, crean imágenes y videos que reflejan la magnitud y esencia del evento.

Asesor de joyería y accesorios exclusivos: Las joyas añaden un toque final a cualquier atuendo. Este especialista selecciona y sugiere piezas que complementan y elevan la presencia de cada individuo.

Personalizador de artículos de lujo: La personalización es la esencia del lujo. Ya sea un grabado en un reloj o un diseño hecho a medida, este experto asegura que cada artículo refleje la individualidad del dueño.

Concierge de Lujo: Se anticipa a cada necesidad y deseo. Este profesional conoce y atiende los caprichos de los invitados, garantizando una experiencia sin inconvenientes y plena satisfacción.

Especialista en iluminación de ambiente: La iluminación puede transformar un espacio. Este profesional juega con luces y sombras, creando el ambiente perfecto para cada momento y destacando los aspectos clave del evento.

Cada uno de estos profesionales desempeña un papel crucial en la creación de experiencias de lujo inigualables, garantizando que cada detalle refleje la exclusividad y grandiosidad que se espera en eventos de élite.

Aquellos que buscan destacar en la organización de tales eventos deben tener en mente 5 consejos vitales

La confidencialidad es clave: Los clientes de alto perfil valoran su privacidad. Mantén siempre la discreción y protege la información.

La atención al detalle es fundamental: En el mundo del lujo, cada detalle cuenta. No se puede pasar por alto nada.

Construye relaciones de confianza: La confianza es esencial en esta industria. Cultiva relaciones duraderas con proveedores y clientes.

Anticipación y flexibilidad: Debes estar siempre preparado para cambios de último minuto y con soluciones listas.

Continúa educándote: Las tendencias y demandas cambian. Mantente actualizado y busca siempre aprender y mejorar.

Al seguir estos consejos y considerar estas profesiones y actividades, aquellos que buscan hacerse un nombre en el ámbito de los eventos de lujo estarán bien posicionados para lograr el éxito en este campo tan exclusivo y demandante.

Perfil del director principal de un evento de lujo

En la majestuosa danza de un evento de lujo —similar a una sinfonía—, la presencia de un director es esencial para garantizar la armonía perfecta entre todos los elementos. Al igual que un director de orquesta, este individuo guía a cada miembro del equipo, desde el especialista en diseño floral hasta el sommelier privado, garantizando que cada detalle se ejecute a la perfección. La responsabilidad de este rol es inmensa, ya que es a él o ella a quien acudirá tanto en momentos de triunfo como en situaciones adversas.

Visión estratégica: La capacidad de visualizar el evento desde una perspectiva global, anticipando cómo cada elección y detalle encajará en el panorama general, garantizando cohesión y fluidez.
Liderazgo inspirador: Motivar y dirigir a un equipo diverso requiere un liderazgo que inspire confianza, fomente la colaboración y reconozca la importancia de cada rol.

Comunicación efectiva: Es crucial transmitir ideas de manera clara y eficiente, garantizando que cada miembro del equipo comprenda su papel y expectativas.
Atención al detalle: En eventos de lujo, la perfección reside en los detalles más minuciosos, desde la iluminación adecuada hasta la elección precisa de flores.

Resolución de problemas: La habilidad para adaptarse y encontrar soluciones innovadoras en situaciones imprevistas, manteniendo la calma y la profesionalidad.

Pasión y compromiso: Un auténtico amor por la creación de experiencias extraordinarias impulsa la dedicación y el deseo de superar las expectativas.

Integridad y ética: La confidencialidad y la honestidad son esenciales, especialmente al tratar con clientes VIP y sus expectativas.

Conocimiento multidisciplinario: Comprender los fundamentos de cada aspecto del evento, desde gastronomía hasta tecnología, para garantizar la armonía en la ejecución.

Habilidad de relación con clientes: La empatía y la habilidad de escuchar activamente son esenciales para entender y materializar la visión del cliente. Resiliencia: La capacidad de mantener el enfoque y la determinación frente a la presión y las demandas elevadas, recuperándose y adaptándose ante los desafíos.

Cinco consejos imprescindibles:

1. La anticipación es clave: Siempre planifique con un margen de tiempo y tenga planes de contingencia listos para cualquier eventualidad.

2. Fortalezca las relaciones de equipo: Fomente la comunicación y la confianza entre los miembros del equipo, ya que la colaboración fluida es vital para el éxito.

3. Manténgase actualizado: El mundo del lujo está en constante evolución. Dedique tiempo para educarse sobre las últimas tendencias y tecnologías en la industria de eventos.

4. Escucha activa: Más allá de las palabras del cliente, preste atención a sus deseos no expresados y a las emociones subyacentes para crear experiencias verdaderamente personalizadas.

5. Autocuidado: El estrés y la presión son inherentes a la organización de eventos de lujo. Dedique tiempo para el autocuidado y la regeneración, garantizando su bienestar y energía máxima en el evento.

Ejemplos que inspiran y conclusiones

La majestuosidad de los eventos de lujo reside en su habilidad para trascender lo ordinario y tocar lo extraordinario, brindando a sus asistentes una experiencia inmersiva que refleja la esencia de la excelencia. Estos eventos no son solo una manifestación de riqueza o estatus, sino un testimonio de la importancia del arte, la precisión y el detalle en la creación de momentos inolvidables. Al explorar el fascinante mundo de los eventos de lujo, hemos aprendido que detrás de cada elección meticulosa hay un deseo de singularidad, reconocimiento y conexión genuina.

EJEMPLOS DE EXPERIENCIAS SATISFACTORIAS EN EVENTOS DE LUJO INCLUYEN:

1. Una cena privada en una terraza con vistas a las luces de París, orquestada por un chef con estrellas Michelin.

2. Un concierto privado de un renombrado músico clásico en las ruinas de un antiguo castillo.

3. Una degustación de vinos exclusivos en un viñedo privado, con el enólogo principal explicando cada matiz y sabor.

4. Una exhibición privada de artefactos históricos en un museo, seguida de una charla con un reconocido historiador.

5. Un recorrido en yate por islas privadas, con paradas para pícnics gourmet en playas solitarias.

6. Una clase maestra de joyería en la que los asistentes trabajan con gemas raras bajo la guía de un reconocido joyero.

7. Una noche de observación de estrellas en un observatorio privado, con un astrónomo líder explicando las maravillas del cosmos.

8. Una sesión de meditación en la cima de una montaña con un gurú mundialmente reconocido.

9. Un safari fotográfico privado en una reserva exclusiva con un aclamado fotógrafo de vida silvestre.

10. Un taller de perfumería en Grasse (Francia), donde los asistentes crean su fragancia personalizada bajo la tutela de un maestro perfumista.

11. Una velada íntima con un concierto privado de Adele, en un auditorio histórico con acústica perfecta, seguido de una cena temática inspirada en las canciones de la artista.

12. Una mágica noche de ópera con una actuación exclusiva de la soprano Anna Netrebko o el tenor Andrea Bocelli, en un escenario al aire libre iluminado solo por velas y estrellas.

13. Una cena y espectáculo flamenco auténtico en un tablao histórico de Sevilla, con una actuación estelar del bailaor Farruquito y su elenco.

14. Una fiesta en la playa a la luz de las antorchas con Gipsy Kings tocando en vivo sus mayores éxitos, y todos bailando descalzos sobre la arena.

15. Un concierto privado de DakhaBrakha, el aclamado grupo de música folclórica ucraniana Povkh, en un entorno histórico que evoca la rica cultura del Este Europeo.

16. Una experiencia de club nocturno exclusiva en la que una banda emergente de alta energía, aunque aún no ampliamente conocida, ofrece un espectáculo que deja sin aliento a todos los presentes.

17. Una noche temática del cine clásico hollywoodense, donde actores caracterizados como Marilyn Monroe, Humphrey Bogart, y otros grandes iconos interactúan con los invitados, culminando en una proyección privada de un clásico del cine.

18. Un espectáculo de luces y música electrónica donde un renombrado DJ como Kygo o Martin Garrix, crea una atmósfera mágica en una locación secreta revelada solo a los asistentes el día del evento.

19. Un taller interactivo con el famoso compositor Hans Zimmer, donde los asistentes aprenden sobre la creación de bandas sonoras cinematográficas y, como colofón escuchan una pieza interpretada en vivo por una orquesta.

20. Una experiencia teatral inmersiva en un castillo o palacio antiguo, donde actores de renombre guían a los invitados a través de una historia interactiva, y cada habitación es un escenario lleno de sorpresas y revelaciones.

Al reflejar sobre estos ejemplos y todo lo discutido anteriormente, queda claro que el lujo no solo se trata de opulencia, sino de experiencias significativas, personalizadas y memorables que permanecen en el corazón mucho después de que el evento ha concluido. Cada uno de estos eventos promete no solo entretenimiento de alta calidad, sino también la oportunidad de interactuar con el arte y la música de una manera íntima y personal creando recuerdos que, sin duda, durarán toda la vida.

COLOFÓN FINAL.

FINAL

Llegamos al final de este viaje, a la última nota de una melodía que nos ha llevado por diferentes acordes, ritmos y arpegios. Un viaje que, aunque esté centrado en el mundo de la música, es en realidad un homenaje al arte en todas sus manifestaciones y a los artistas que lo hacen posible.

"VIVIR POR AMOR AL ARTE" es, sin duda, una de las más nobles y arriesgadas decisiones que uno puede tomar. Es escoger un camino lleno de incertidumbre, pero también de una riqueza incalculable, una vida a la que se accede no con un billete comprado sino con el precio impagable del talento, del esfuerzo, y, sí, del amor. No es un camino para los pusilánimes, sino para los valientes que se atreven a soñar y luego se levantan cada mañana para construir ese sueño, pieza por pieza, nota por nota.

El artista callejero que conmueve con su guitarra a los paseantes indiferentes y la estrella que llena estadios con miles de seguidores, ambos son héroes en este universo artístico. Al primero, porque elige cada día enfrentar la incertidumbre para ofrecer su arte en el altar de la calle a cambio de sonrisas, a veces de unas monedas. Al segundo, porque ha caminado una ruta que no es simplemente la alfombra roja que muchos imaginan, sino más bien una senda llena de obstáculos, de decisiones difíciles, de renuncias, de sacrificios.

A ambos los une el latido constante del arte en su corazón, y la disciplina férrea de un samurái, porque saber cuándo y qué vas a comer el jueves de la próxima semana o cuántas horas podrás dormir en una fecha concreta futura no es una comodidad, sino una disciplina impuesta por la escala de sus sueños.

A ti, querido lector, , que has llegado hasta aquí, mi más profundo agradecimiento y mi más sincera invitación: Que este libro sea solo un preludio, un primer paso en tu propio viaje 'por amor al arte'. El arte no es un tesoro escondido para unos pocos elegidos: es un océano inmenso donde cada uno de nosotros puede encontrar una isla que le pertenezca.

Así que, con las palabras de este colofón, abro la puerta a todos los mundos del arte que aún nos quedan por explorar juntos: la pintura, la escultura, la poesía, la escritura, la fotografía y todo lo que requiera de ese talento único que reside en cada uno de nosotros.

Levántense, entonces, con el corazón lleno y la mente abierta. El mundo del arte los espera y la vida está llena de lienzos en blanco esperando su pincelada, su nota, su palabra. No es solo el arte lo que nos espera, es la vida misma, esperando ser vivida con la intensidad y el amor que solo un verdadero artista puede aportar.

Porque cada uno de nosotros es, en esencia, un artista en el gran lienzo de la existencia. Y cada día es una oportunidad para hacer de nuestra vida una obra maestra.

Firmado,
Un amante eterno del arte, la música y las infinitas posibilidades que nos ofrecen.

Manuel J. Villegas

Cuadro: Retrato a Manuel J. Villegas
Artista: Marcus Antonius
(Marco Antonio Fernandes)

MIS REFERENCIAS

Linktree
linktr.ee/manuelvillegas

LinkedIn
linkedin.com/in/manueljosevillegas

Instagram profesional
@manueljovillegas

Instagram Compañía
@totalisimo

TikTok profesional
@manueljovillegas

TikTok compañía
@totalisimoevents

Email de contacto
direccion@totalisimo.com

Web de mi compañía
totalisimo.com

Web profesional
manuelvillegas.com

Agradecimientos sinceros a todas esas personas que han hecho hasta hoy que mi vida haya sido en algún momento especial por haber podido disfrutar de "VIVIR POR AMOR AL ARTE" y también a aquellas que han colaborado a que mi vida sea "especial".

Mi madre "Isabella" (la mejor madre que me podría haber tocado), mi padre Manuel Villegas (mi mejor coach y un verdadero "artista"), mis 4 abuelos, tíos y primos de sangre y políticos, Jorge Villegas (mi hermano y mejor amigo), Rocío Montaño (más que una hermana), Rocío Jr (mi ahijada, una princesa real), Sofía FM, Verónica Villegas, Petra Weiss, Marta Rosillo, Victoria Yepes, Esteban Diaz, Irene Notorio, Lorena Morales, Kike Vivas, Natalia Palma, Higinio Marfil, Kika Quesada, Emilio Almagro, Alfredo Alcalde, Sergio Almagro, Elisa Torres, Abelardo Cárdenas, El Coletas, Anchi, André Reyes, Kakou Reyes, Diego Nieto, Mario Reyes, Bauti Martínez, Asmaa Esallami, Assa y Fadel, Antonio P. Carmona, José Luis Mauri, Pastora Soler, Plácido Domingo, Guilherme KAN, José Cortes, Canut Reyes, Fred Breton, Danny Marta, Francois Santiago, Chico Castillo, Eduardo Fuentes, Eugene Kohn, Virginia Tola, Montserrat Caballé, Montsita, Montseca, Jordi Galán, Ricardo Estrada, Arancha Santiago, Antonio Ferrara, Diego Sotelo, Diego Bravo, María José Peón, Blanca Rioja, Pedro Enrique Puentes, José Carreras, Cesar Cubero, Antonio Jiménez, Manolo Gómez, Pablo Rubén Maldonado, Quino Gallardo, Cesar Blanca, Juan Antonio y Daniel Martínez (mundo), Miguel Bianchi, Juan Pinilla, Marcos Palometas, Manuel Heredia, Diego Bravo, Amalia Barbero (LYA), Eloy Heredia, Marco Antonio y Claudia, Carlos Veloso, Sissy Torres, Sebastián de la Barra, Ernesto González, Pelin y Cemil, Agustín Barajas, Marian Fernandez, Javier Martos, Ada Lorenzo, Estefanía López, César Cubero, José Manuel Soto, Ariel Bilbao y Carmen, Iván, Hanane, Zora, Yolanda Garnica, Iulia Romanenco, Juanfra Sculpture Music, Laura Chinchilla, Paolo Harden, Ana Hidalgo, Almudena Ocaña, Lucia Tortosa, María Toledo, Anabel Gallego, Nicky Marco, Peter Marco, Mirta, Alvaro Domingo, Manuel Estévez, José María Cano, Ana Torroja, Nacho Cano, Vicente Mañó, Rosa Lagarrigue, Ana María Pradas, Alia y Saeeda, Pavito, Israel Lozano, Vicenc Fabregas, Chris Rosas, Koko Sanz, Manu García, Rafael Amargo, Joan Guayaquil, Thayde, Flor Carreras, Ernesto Arceyut, Teresa Ramos, Aitor, Amaia y Candela, Laura Chica, Lucia y Paulino, Víctor Patatian, Belinda Pérez, Paqui Amo, MaribelFernández, Victoria Monedero, María José García L, Jessica Ash, Jessica CARI, Victoria García, Marta Piccinini, Carlos Marron, Bassam Chalita, Rosario Flores, Lolita Flores, Simone, Diego el Cigala, Carolina Martín, María Jesús Ruiz, Tamara Istanbul, Jesus Guerrero Padre e Hijo, Pepe Quijada, Encarnita Navarro, Miguel Sierra, Nya de la Rubia, José Callejón, Lisandro, Rania C., Bijjou Azzeddine, Amanda Peñaranda, Ivanova Escobar, Lore Correa, Tatevik Stepanyan, Cintya Solorzano, Rakel G, David HernándezC2C, Mariluz Vera, Lolo y Eva Álvarez, Álvaro Prados, Antonio Herrera, Yenia Villegas, Xavier Padilla, Javier Rosillo y Paqui, Ramón Gea, Rafael Iáñez, Belén Juárez, Eloy Barroso, Berry Navarro, Juantxu Álvarez, Patricia Navarro, Javi "tomate", Paco Anguita, Manolo Garrido, Asami Ikeda, José Antonio Sindi, Steve Aoki, Raphael,

Luis Santana, Dani Aragon, Juan Magán, Jose Cano, Dani Pizarro, Bruno Dass, Fidel Cordero, Eva Manzano, Álvaro Martinete, Alejandro González, Virginia Moreno, Ziane, Pitingo, Ana Laura "por eso vente", Alberto Teba, Irene Ferrero, Verox, Raquel Bernal, Juanjo Memphis, Simón Cámara, María José Peón, Sebastian Ducamp, Bernardino Chinchilla, Alberto, Toñi, Belén, Antonio Navarro, Nati Montaño y Luis, Mario Bellido, Verónica Sala "legal", Néstor Arcilla, Iván Vargas, Rafi Gómez, Madeleine Toyos, Soco Collado, Nacho Bullejos, Javier Tomas, Verónica Coronel, Marta Sánchez, Safaa Shisey, Lina Botero, Mariola Orellana, Julio Iglesias, Najah, Sofia Mestari, Eleni Lozano, Marta Montemayor, Arturo Altuve, Alba "Bita", Enrique Ghares, Leila Lima, Isabel Luna, Chema del Estad, Nuria Carmona, Alejandra Lascaray, Manel Huertas, Chonchi Heredia, Enrique Morente, Estrella Morente, Marina Heredia, Pedro P. Chicote, María Porcel, Toñi Porcel, José Carlos Zarate, Sandra García San Juan, Jose Mari Bisbal, Armando González, Rafael Urbina, Anar R., Graciela de León, Guillermo Quero, Jesús Quero, Israel Naranjo, Paquito Carmona, Nito Inza, Rawad A.J., Cynthia A.J. Isabel Cañada, Jerry Eade, Elena Peinado, Abelardo Ortiz, Javi García M., Rosa López, Juan Velasco, Carlos Serra, José Ignacio Ayut, Omer Pardillo, Nelson Albareda, Beatriz Ballesta, Chechu, Carlos y Carla Ostaicoechea, Cristian Castro, Imma Masramon, Carlos Escobosa, Francis Navarro "Antonio", Manuel Carrasco, Farid, Alberto Raya, Claudia, Olga Romero, Antonio Mata, Rafa Almarcha, Santi Rodríguez, Eva González, Adriana Ugarte, Ernesto Alterio, Pedro Sarabia, Henry Cárdenas, Manuel y David Santiago, Jaime Calabuch, Dmitri, José Mari Fernández, José Antonio Aravena, Jhonny Cabrera, Conchi Villegas, Santiago Gerardo, Eugenia E., Andrea Rodríguez 33, José Luis Cañavate, Virginia Perea, Paco Plaza, Javier de Carmen, Mariano Andrés, Silvia Navas, Pancho Campo, Eduardo y Rafael Ross, David Camacho, Angela Guijarro, Vicente Taberner, Rafael Iáñez Sevilla, José Vélez, Tony Parra, Ivet Vidal, Pepe Rodríguez, Javier Esteban, Martín Pérez, Miguel Menéndez, Morgan Britos, José Santos, Curro J. Moro, Amaia de Diego y Elena Andraiz.

NOTAS DEL LECTOR

Después de haber leído este libro, me gustaría que escribieras en estas páginas en blanco que te he dejado unas frases con lo que te haya aportado esta lectura. Me encantaría que las compartieras conmigo a través de redes sociales haciéndole una foto. ¡No te olvides de mencionarme en instagram! @manueljovillegas

Primera edición: Noviembre de 2023

Autor: Manuel José Villegas García
Diseño portada: Lorena Morales con la colaboración del equipo TOTALISIMO
Maquetación: Bonita Estudio

ISBN: 978-84-09-55958-9
Depósito legal: GR 1789-2023
Impresión: Gráficas Alhambra ®
(Impreso en España)

Todos los derechos reservados.

No está permitida la reproducción total o parcial del libro, ni su incorporación a un sistema informático, ni su transmisión en cualquier forma o por cualquier medio, sea este electrónico, mecánico, por fotocopia, por grabación u otros métodos, sin el permiso previo por escrito de Manuel J. Villegas.